让孩子笑着读懂文学

趣味学世界文学

方舒眉 —— 著　马星原 —— 绘

北京理工大学出版社
BEIJING INSTITUTE OF TECHNOLOGY PRESS

序

打开世界文学的一扇窗

什么是"世界文学"？

要给出一个准确、全面的解释并非易事。简单来说，就是世界上各国、各地的文学作品。

这是个顾名思义的答案。因为世界之大，文学作品之多，任何人穷尽一生的时间和精力，也无法尽览。故此，我们常说的世界文学，应是那些经过时间沉淀，被大众所认定的文学经典。这样，世界文学作品的范围就窄了很多。可尽管如此，想要让本书囊括世界文学的所有作品，也是万万不能的。

所以在本书中，笔者只介绍那些在世界文学中有重要影响的作品及作家，以期让读者对世界文学有初步的了解。对于书中所选取的文学作品，笔者在理解上可能与大众存在不同的观点，或尚有其他经典文学作品未被编入。在此，请读者谅解。

目录

世界文学之旅

- 002　不限于一个时代——莎士比亚
- 003　欧洲文学巨匠——拉伯雷
- 004　影响深远的故事——《伊索寓言》
- 005　故事中的故事——《一千零一夜》
- 006　莫里哀被禁止上演的《伪君子》
- 007　君子坦荡荡——《忏悔录》
- 008　"欧洲小说之父"——笛福
- 009　天生早慧的诗人——雪莱
- 010　文艺复兴的巨人——歌德
- 011　古希腊文化精华——《荷马史诗》
- 012　悲剧之父——埃斯库罗斯
- 013　文学史上最长的史诗——《罗摩衍那》
- 014　文字优美的宗教典籍——《圣经》
- 015　歌颂骑士崇高美德的《罗兰之歌》
- 016　古希腊悲剧的典范——《俄狄浦斯王》
- 017　人文主义思想的曙光——《神曲》
- 018　果戈里用幽默反讽现实
- 019　薄伽丘《十日谈》留名后世
- 020　斯托夫人掀起一场大战
- 021　西班牙文学典范——《唐·吉诃德》
- 022　英国印刷史上第一本书——《坎特伯雷故事集》
- 023　弥尔顿最出色的史诗作品——《失乐园》

024 杰出游记体讽刺小说《格列佛游记》
025 不畏强权的优秀诗人伏尔泰
026 幽默大师马克·吐温
027 孤高的拜伦式英雄
028 天才女作家艾米莉·勃朗特
029 史上最短的电报源于雨果
030 手执剪刀的作家——大仲马
031 大仲马的优良作品——小仲马
032 侦探推理小说鼻祖——爱伦·坡
033 伟大的童话作家——安徒生
034 尝尽苦难的狄更斯
035 意识流小说经典——《尤利西斯》
036 传遍世界的爱情名著《傲慢与偏见》
037 俄国文化的良心——托尔斯泰
038 捕鲸业的百科全书——《白鲸记》
039 用笔环游世界的凡尔纳
040 《小妇人》的坚强自立精神
041 纪伯伦巅峰之作——《先知》
042 俄国文学之父——普希金
043 现代戏剧之父——易卜生
044 文采斐然的哲学家——尼采
045 稍纵即逝的流星——济慈
046 一生孤独的卡夫卡
047 乐观有干劲的杰克·伦敦

048　美国文学之父——华盛顿·欧文

049　世界上最受欢迎的童书——《格林童话》

050　德国古典文学的最后一位代表——海涅

051　海明威其人其事

052　菲茨杰拉德的传世之作——《了不起的盖茨比》

053　高尔基《海燕》

054　肖洛霍夫的俄国革命画卷——《静静的顿河》

055　出人意料的幽默小说家——欧·亨利

056　批判现实主义作家——屠格涅夫

057　世界的良心罗曼·罗兰

058　《月亮和六便士》的暗喻

059　普鲁斯特的《追忆似水年华》

060　福尔摩斯之父——阿瑟·柯南·道尔

061　乔治·奥威尔惊人的政治预言

062　为德莱赛带来成功的《美国的悲剧》

063　乡土文学楷模——福克纳

064　最出色的反战小说——《西线无战事》

065　帕斯捷尔纳克的史诗作品——《日瓦戈医生》

066　米切尔，一生只写一部巨著

067　劳伦斯，我手写我心

068　书写世界中的孤苦"异乡人"

069　赫胥黎的《美丽新世界》

070　哈代最优秀的作品——《德伯家的苔丝》

071　美国文明之父——爱默生

- 072 马尔克斯传世名作——《百年孤独》
- 073 《生命中不能承受之轻》——昆德拉
- 074 乔万尼奥与《斯巴达克斯》
- 075 20世纪最具影响力的诗作——《荒原》
- 076 麦卡洛名作——《荆棘鸟》
- 077 反映社会百态的《人间喜剧》
- 078 书写心灵罗曼史的霍桑
- 079 八岁写诗的"诗圣"——泰戈尔
- 080 短篇小说之王——契诃夫
- 081 德国的伟大作家——席勒
- 082 伟大的纪实小说——《愤怒的葡萄》
- 083 陀思妥耶夫斯基基层观察实录《罪与罚》
- 084 才华横溢的王尔德
- 085 记者与戏剧家的双重身份——萧伯纳
- 086 以知识为信仰：培根《论人生》
- 087 托尔金的魔戒故事
- 088 伍尔芙呼唤女性独立
- 089 赛珍珠传遍世界的《大地》
- 090 世界文坛一颗耀眼流星——莫泊桑
- 091 风靡苏联的革命小说《牛虻》
- 092 妇女解放的"圣经"——《第二性》
- 093 完美的现实主义大师——福楼拜
- 094 欧洲文学的传奇——《红与黑》
- 095 环保抗命先锋——梭罗

096 离经叛道的"守护者"——《麦田里的守望者》
097 阿瑟·米勒创造"美国梦"
098 伟大的诗人——叶芝
099 一生探求真理的萨特
100 文学巨匠尤金·奥尼尔
101 首位女性诺贝尔文学奖获得者——塞尔玛

文学主义知多少

102 人文主义（14—16世纪）
102 古典主义（17世纪）
103 浪漫主义（18世纪末—19世纪上半叶）
103 现实主义（19世纪）
104 超验主义（19世纪）
104 魔幻现实主义（20世纪）
105 存在主义（20世纪）
105 表现主义（20世纪）
106 后现代主义（20世纪下半叶）

世界文学之旅

不限于一个时代
——莎士比亚

英国 1564—1616

威廉·莎士比亚（William Shakespeare，1564—1616），英国文学史上最杰出的戏剧家，欧洲文艺复兴时期最重要、最伟大的作家之一。由莎士比亚创作的四大悲剧——《哈姆雷特》《麦克白》《李尔王》《奥赛罗》举世闻名，并且被反复搬上舞台，历久不衰。

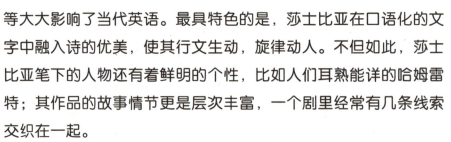

莎士比亚除了是一位戏剧大师以外，还是位杰出的语言大师，他在戏剧当中运用的语法、谚语、词汇等大大影响了当代英语。最具特色的是，莎士比亚在口语化的文字中融入诗的优美，使其行文生动，旋律动人。不但如此，莎士比亚笔下的人物还有着鲜明的个性，比如人们耳熟能详的哈姆雷特；其作品的故事情节更是层次丰富，一个剧里经常有几条线索交织在一起。

与莎士比亚同年代的作家本·琼森（Ben Jonson）曾说："莎士比亚不属于一个时代，而属于所有的世纪。"四百多年后的今天，莎士比亚及其所创作的文学作品对世界所产生的影响，印证了这句话的正确性，从国际上对莎士比亚诞辰的隆重庆祝便可见一斑。

欧洲文学巨匠——拉伯雷

法国　约1493—1553

弗朗索瓦·拉伯雷（Francois Rabelais，约1493—1553），法国文艺复兴时期的作家，人文主义的代表人物之一。

《巨人传》是拉伯雷的代表作。《巨人传》的第一部写笨拙的巨人卡冈都亚在接受人文主义教育后，获得了从身体乃至精神的锻炼，重新焕发生机。拉伯雷借此故事宣扬人文主义，即以理性和仁慈主导生活，同时讽刺旧教育制度的不合理，批评僵化的教会。

《巨人传》文笔风趣幽默，故事生动，寓意深刻，可谓是轰动一时的著作。但因题材涉及抨击教会而遭到打压，拉伯雷只好以假名出版。直到1545年才得到国王准许，以真实姓名出版《巨人传》的第三部，而第五部更是在拉伯雷去世后才得以出版。

拉伯雷博学多才，不仅在文学上取得了巨大成就，在神学、法律学和医学，乃至药理学、星相学和航海术等方面也都造诣颇深。此外，拉伯雷还精通希腊语、拉丁语和意大利语三种语言，是当之无愧的文学巨匠。

影响深远的故事
——《伊索寓言》

古希腊　相传为公元前6世纪

《伊索寓言》，相传是古希腊奴隶伊索凭记忆口述的寓言故事集。这些寓言篇幅短小，多以动物为故事的主角，借此阐述人们的生活经验，教人处世和做人的道理。

《叼着肉的狗》《农夫与蛇》《北风与太阳》等寓言短篇，相信是不少人儿时的睡前故事，情节简单、有趣，却又寓意深远，就算是成人阅读，也能有所得益。其中，《叼着肉的狗》讲述了一只狗在叼着肉过河时，看到了自己在水中的倒影，便以为有另一块肉。于是，它张口向河里扑去，想要去叼另一块肉，结果刚一张嘴口中的肉就掉入河里，被水冲走了。这则寓言故事告诫人们，贪心只会令人得不偿失。

虽然早在伊索之前已有动物寓言，但以儿童为对象的《伊索寓言》仍是经典之作，对后世欧洲寓言的发展更是影响深远。古罗马寓言作家费德鲁斯称自己的寓言故事为"伊索式寓言"，是借用并继承《伊索寓言》精神的传统而创作的，足见伊索寓言的影响之深。

故事中的故事
——《一千零一夜》

阿拉伯　9世纪

　　《一千零一夜》，是阿拉伯地区的古代民间传说经搜集整理所成的故事集，于9世纪成书。《阿里巴巴和四十大盗》《阿拉丁神灯》《渔翁、魔鬼和四色鱼》……这些故事均出自《一千零一夜》，相信大家都耳熟能详。但是，大家是否知道《一千零一夜》中的许多故事，都是由一个身在故事中的人讲述出来的呢？

　　相传，《一千零一夜》故事的开始源自一位国王的报复心理，这位国王名叫山鲁亚尔。山鲁亚尔的结发妻子对其不贞，他愤怒之下处死了她，自此再也无法相信女人。为了报复女性，山鲁亚尔每日娶一位少女，翌日即将其处死。

　　终有一日，负责此事的官员再也找不到合适的少女了。官员的女儿雪赫拉莎德为帮助父亲不受处罚，决心自己拯救其他无辜少女，便自告奋勇嫁给国王。可是，她没有像之前其他少女那样被处死，因为她有自保之道，就是每夜讲一个故事，讲到最精彩处，天便亮了，国王为了知道后面的情节便不忍将其处死，留她到下一夜讲完，夜夜如是。一千零一夜后，雪赫拉莎德终于打动了国王，国王没有处死她，二人更是白头偕老。

莫里哀被禁止上演的《伪君子》

法国　1622—1673

莫里哀（Molière，1622—1673），法国古典主义喜剧作家，也是与莎士比亚齐名的戏剧家。在他创作的剧本中，《伪君子》这部被禁止上演的剧目最为经典。

《伪君子》讲述了一个宗教骗子答尔丢夫骗得了富商的信任，富商打算将女儿嫁给他，甚至还要将家产赠予他。全家人都反对富商的做法，但富商一意孤行。这时，答尔丢夫又图谋勾引富商的妻子，于是富商的家人利用这件事，使富商看清了答尔丢夫的真面目。富商幡然醒悟，将骗子送进了牢房。

当时教会拥有至高无上的权力，他们监视甚至陷害自由思想者，民众对教会组织都表示不满。莫里哀创作的《伪君子》，揭露了教会的虚伪与丑恶，表达了社会民众的反宗教意识。

1664年5月，莫里哀将这部作品演给国王看，惹怒了巴黎大主教，剧作被禁止上演。直到莫里哀去世的那年，《伪君子》才第一次公开演出，并取得了巨大的成功。

君子坦荡荡
——《忏悔录》

法国　1712—1778

让-雅克·卢梭（Jean-Jacques Rousseau，1712—1778），18世纪法国启蒙思想家、哲学家、文学家，浪漫主义文学流派的开创者，启蒙运动的代表人物之一。他的《社会契约论》将人与社会的关系比作一个契约，而政府的产生只是为了执行契约而已。卢梭主权在民的思想，是现代民主制度的基石。美国独立革命和法国大革命也将其奉为基础。

卢梭晚年所著的《忏悔录》，是他自我剖白毫不隐藏阴暗面的自传。《忏悔录》全书分十二章，记录了卢梭五十多年的生活经历。此书的主题是卢梭对自身的缺点和过错进行的忏悔。卢梭像普通人一样，曾经说谎、行骗、调戏女子，甚至还偷窃并嫁祸他人。但与常人不同的是，他知道自己的错误，也毫不畏惧在众人面前承认错误。在《忏悔录》中，可以看到一个真实的卢梭。

"欧洲小说之父"
——笛福

英国　1660—1731

丹尼尔·笛福（Daniel Defoe，1660—1731），英国小说家，出生于伦敦中产阶级家庭，自小已有遨游四海之心，早年从事过各种不同的职业，也参与过政治斗争，当过情报员，更尝过铁窗之苦。

笛福与其笔下的人物一样，有着精彩的生命历程。他喜欢冒险，在经历了跌宕起伏的人生后，于近六十岁开始写作。

《鲁宾孙漂流记》是笛福创作的第一部小说，以日记的形式写成，叙述了主人公独自在一座偏僻的孤岛上度过了二十八年的故事。这部小说是笛福受苏格兰水手真人真事的启发写成的，获得了空前的成功，为其奠定了"欧洲小说之父"的地位。

笛福的成功之处，在于善写人们在艰苦困难的环境中如何不屈服于命运，勇于克服困难的经历。其小说情节曲折，语言质朴，写出了人皆孤独，但人皆有梦的冒险精神。

天生早慧的诗人
——雪莱

英国　1792—1822

珀西·比希·雪莱（Percy Bysshe Shelley，1792—1822），英国著名作家、浪漫主义诗人，被认为是历史上最出色的英语诗人之一。雪莱八岁就开始写作诗歌，尽管他的生命短暂，不满三十岁便因暴风意外身故，但其诗歌的影响力却经久不衰。

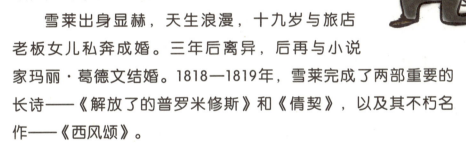

雪莱出身显赫，天生浪漫，十九岁与旅店老板女儿私奔成婚。三年后离异，后再与小说家玛丽·葛德文结婚。1818—1819年，雪莱完成了两部重要的长诗——《解放了的普罗米修斯》和《倩契》，以及其不朽名作——《西风颂》。

《西风颂》中最有名的诗句："如果冬天来了，春天还会远吗？"不仅充分体现出雪莱诗歌浪漫奔放、情感真挚的特色，也蕴含着时间循环而万物生生不息的哲理。

不仅如此，雪莱的诗中充满了对劳苦大众的同情，因此雪莱在许多人眼中是革命者和社会主义者。恩格斯更是评价雪莱为"天才预言家"。

文艺复兴的巨人
——歌德

德国　1749—1832

约翰·沃尔夫冈·冯·歌德（Johann Wolfgang von Goethe，1749—1832），被称为"最后一个文艺复兴的巨人"。他不仅是伟大的作家，还是教育家、自然科学家，他的自然科学著作达十数卷之多。

《少年维特的烦恼》与《浮士德》是歌德的重要作品，也是流传后世的经典之作。

《少年维特的烦恼》讲述了一个凄婉动人的爱情故事，一经发行就风靡全欧洲。

《浮士德》是歌德的毕生力作，前后用了近六十年才完成，与荷马的《荷马史诗》、但丁的《神曲》及莎士比亚的戏剧并称为世界文学中最伟大的作品。《浮士德》劝谕人们努力实践梦想，告诉人们只要敢于争取，就会克服一切矛盾和困难，走向光明的前方。

歌德的作品被认为全力投入对人类情感和心灵的关怀之中，艺术魅力非凡，感人至深。

古希腊文化精华
——《荷马史诗》

古希腊　相传为公元前9世纪或公元前8世纪

我们都知道，今日西方文明的基石是昔日的古希腊文明。那么谁能得到古希腊文学最崇高的"桂冠"呢？毋庸置疑，他便是写出史诗《伊利亚特》和《奥德赛》的荷马。《伊利亚特》和《奥德赛》又被统称为《荷马史诗》。

相传，荷马为古希腊的游吟诗人，出生于小亚细亚。最令人惊奇的是，他是个盲人！今日荷马的诗篇，都是口耳相传留下来的。

《荷马史诗》语言简练，情节生动，形象鲜明，结构严谨，是西方第一部重要的文学作品，在很长时间里，影响了西方的宗教、文化和伦理观。荷马也被称为"欧洲四大史诗诗人"之首。

《荷马史诗》不但文学价值极高，也是古希腊公元前11世纪到公元前9世纪的唯一文字史料，反映了迈锡尼文明，所以这一时期也被称为"荷马时代"。

古希腊人一直将《荷马史诗》视作希腊文化的精华，将荷马视作民族的骄傲，但丁更是称荷马为"诗人之王"。不过，目前仍未有确切证据证明荷马的存在，也有人认为他是虚构人物，于是便出现了"荷马问题"。

悲剧之父——埃斯库罗斯

古希腊　公元前525—前456

埃斯库罗斯（公元前525—前456），古希腊悲剧诗人，有"悲剧之父"的美誉。埃斯库罗斯自小就喜欢戏剧和诗，二十五岁时开始参加雅典的悲剧竞赛，后来参与了抵抗波斯帝国的战役。

众所周知，埃斯库罗斯被誉为古希腊三大悲剧作家之一，但完整流传至今的作品仅七部，包括《被缚的普罗米修斯》《波斯人》等。其中，《被缚的普罗米修斯》讲述了普罗米修斯为给人类带来光明和温暖而偷盗圣火，最后受罚的故事。

埃斯库罗斯身处古希腊悲剧成形的初期，他在作品表演形式上引进了第二位演员，令原本以独白和颂歌为主的戏剧，变成能展现人与人之间矛盾冲突的文学作品，奠定了古希腊悲剧的雏形，是当之无愧的"悲剧之父"。

埃斯库罗斯死后，雅典悲剧竞赛为了纪念这位巨匠，规定参赛者只要上演埃斯库罗斯的悲剧，即可获得免费的助演歌队。

文学史上最长的史诗
——《罗摩衍那》

古印度

《罗摩衍那》是印度两大史诗之一，传说其作者是蚁垤，对于这一说法虽有分歧，但一般认为是由他加工所著。蚁垤生卒年代不详，其身份难以考证，有人说他是语法学家，也有人说他是古代仙人。

无论关于蚁垤有何种说法，《罗摩衍那》在文学上的地位是毋庸置疑的。《罗摩衍那》共有七章，是以叙事为内容的长诗，其主题多为民间传说或歌颂英雄功绩。诗题"罗摩衍那"意即"罗摩传"或"罗摩的游行"，记述了罗摩和其妻悉多的传奇故事。

《罗摩衍那》中，罗摩为唯一能拉开神弓的英雄，他杀死魔王罗波那，救回自己的妻子，并继承王位。而罗摩的统治更被称为"罗摩莱亚"，在印度语中有"理想的治理"和"公正的法律"之意。

《罗摩衍那》除了对印度当地的宗教有很大的影响外，更被翻译成多国语言传播，足见其影响之广。

文字优美的宗教典籍
——《圣经》

犹太教、基督新教、天主教、东正教经典

《圣经》是一部宗教典籍，其文字优美，思想博大，内容丰富，不仅对世界历史有着不可忽略的影响，对西方文明史更是有着极其深远的影响。

《圣经》被犹太教、基督新教、天主教和东正教奉为经典。这些教派都认为亚伯拉罕是他们的祖先，亦是上帝从众生中挑选的赐予他们祝福的人，他们的信仰也起源于此。因此，这些教派统称为亚伯拉罕诸教，当中还包括伊斯兰教。

《圣经》是犹太人以希伯来语写成的，分为《旧约》和《新约》两部分，描述耶稣降生之前的故事和降生之后的言行、事迹等。19世纪左右，传教士进入中国传教，之后才有第一本中文《圣经》。

现今，世界各地均流传着不同语言、版本的《圣经》，向世界宣扬着"上帝"的话语。

歌颂骑士崇高美德的《罗兰之歌》

法国　11世纪

《罗兰之歌》是法国英雄史诗，中世纪武功歌（长篇叙事体诗歌，题材多为歌颂封建统治阶级的武功勋业）的代表作。据说，它是根据查理大帝时期爆发的隆塞斯瓦耶斯隘口战役改编的，成诗年份最早可考于11世纪，但其口述相传的成书形式使史实不断浪漫化，内容或有增删，原作者已不可考。

《罗兰之歌》中描述的主角罗兰是坚守骑士崇高美德的十二圣骑士之一。据说，当时查理大帝的法兰西大军正与不信奉基督教的西班牙人交战，但战局僵持已久，双方都想早点结束战争。于是，罗兰建议派法兰西最有智慧的尼隆伯爵与对方讲和。没承想，尼隆伯爵由此对罗兰怀恨在心，决心报复。

尼隆伯爵私通敌军，背叛国家；而罗兰为了大军安全撤退毅然接受了查理大帝让其殿后的任务。在与敌军交战的过程中，罗兰终因寡不敌众而战死沙场。

古希腊悲剧的典范
——《俄狄浦斯王》

古希腊　约公元前496—前406

索福克勒斯（约公元前496—前406），古希腊剧作家，被誉为古希腊三大悲剧诗人之一。索福克勒斯二十七岁时初次参加悲剧竞赛，已胜过被誉为"悲剧之父"的埃斯库罗斯，并保持这一荣誉逾二十年。众所周知的《俄狄浦斯王》《安提戈涅》等著作均诞生于索福克勒斯的笔下。

古希腊悲剧起源于祭祀酒神狄奥尼索斯的庆典活动，大都取材于古希腊神话、英雄传说和史诗，然后经由剧场表现的形式呈现给观众。《俄狄浦斯王》就是依据希腊传说中俄狄浦斯的故事所创作的悲剧作品。

传说，俄狄浦斯一出生就因"弑父娶母"的神谕被送离出生之地，几经辗转，被科林斯的国王收养，国王把他当作亲儿子般抚养长大。但是，俄狄浦斯在机缘巧合下得知了自己"弑父娶母"的预言，他为逃避命运离开了科林斯。但后来，俄狄浦斯还是在不知情的情况下杀死生父，如神谕所言迎娶生母。

索福克勒斯才气过人，他使剧中演员增加到三个，通过大量的对话和动作，表现剧中人物的矛盾，这使他的悲剧作品更富有张力和牵动人心。

人文主义思想的曙光
——《神曲》

意大利　1265—1321

但丁·阿利吉耶里（Dante Alighieri，1265—1321），意大利著名诗人，欧洲文艺复兴时期的开拓人物之一。

但丁出身高贵，博览群书，二十岁踏入仕途，可惜在三十五岁卷入党派斗争，漂泊半生后逝世于异乡。逝世前，但丁完成了西方文学史上最伟大的作品之一——《神曲》。

《神曲》分为《地狱》《炼狱》与《天堂》三卷，共一百篇，耗时十四载而成。但丁以梦幻文学的形式记述了自己在"人生的中途"所做的"一个梦"。梦中，自己在古罗马诗人维吉尔和梦中情人贝阿特丽切的先后引导下，穿越了地狱、炼狱和天堂，最终到达上帝面前。但丁也由此大彻大悟，整篇诗到此戛然而止。

但丁将《神曲》中用的语言称为"意大利文"，主要以托斯卡尼的地区性方言为主，辅之以拉丁文和其他地区性方言，故其作品也成为现代意大利语的基石。因此，但丁有"意大利语之父"的尊称。不仅如此，从但丁的《神曲》中，我们也可以隐约窥见文艺复兴时期人文主义思想的曙光。

果戈里用幽默反讽现实

俄国 1809—1852

果戈里（Gogol，1809—1852），俄国批判主义作家，现实主义文学的奠基人，擅长以夸张荒诞的描写反讽社会时弊，其代表作为《钦差大臣》和《死魂灵》。

《钦差大臣》讲述了在俄国某外省一个腐败不堪的城市，市长听闻有钦差要来巡察，顿时惊慌失措，正巧纨绔子弟赫列斯达柯夫路过此地，市长误认这位外貌不凡的人就是钦差大臣，于是闹出了许多笑话。果戈里以这部喜剧讽刺了俄国官僚丑恶的行为。戏剧上演后，果戈里受到了沙皇与官僚的猛烈批评，他们指责《钦差大臣》描述的情况不真实。在这种情况下，果戈里虽然压力巨大，但他并没有放弃创作，反倒在几年后写出了自己杰出的名作《死魂灵》。

果戈里是现实主义文学的奠基人。他以幽默、讽刺的笔法反映社会现实，其作品风格华丽生动，其中也加入了极富想象的描述。果戈里的写作手法影响了后世很多作家，如屠格涅夫、契诃夫等，甚至中国的作家也模仿他，鲁迅的《狂人日记》其实就借鉴了果戈里小说的笔法。果戈里在文学史上强大的影响力可见一斑。

薄伽丘《十日谈》留名后世

意大利 1313—1375

薄伽丘（Boccaccio，1313—1375），意大利文艺复兴先驱，人文主义作家、诗人。其代表作为欧洲文学史上第一部现实主义巨著《十日谈》。

《十日谈》以写实主义为主，行文简洁明快、生动紧凑，将古典元素与民间元素相糅合。全文讲述十名男女在山上的别墅躲避瘟疫，其间每人每日分享一个故事。他们住了十天共讲了一百个故事。这些故事嘲讽了现实的虚伪、爱情的束缚、帝王的荒诞、教会的丑陋等社会现实，无情地暴露和鞭挞了封建贵族的堕落和腐败，体现了作者的人文主义思想。

后来，薄伽丘受到天主教会的迫害，《十日谈》的许多珍贵版本也被付之一炬。在薄伽丘死后，狂热的教会人士甚至砸毁了他的墓地和墓碑。但即便如此，薄伽丘及其《十日谈》对于欧洲的影响仍是无法磨灭的，不仅为意大利艺术散文的发展奠定了基础，还开创了欧洲短篇小说的艺术形式。

斯托夫人掀起一场大战

美国 1811—1896

1861—1865年，美国爆发了一场内战，史称"南北战争"。这是美国史上非常惨烈的一场战争。战争之初，北方领导人林肯曾对一位作家说："你就是那位引发了一场大战的小妇人。"这位作家，就是《汤姆叔叔的小屋》的作者斯托夫人（Harriet Beecher Stowe）。

南北战争前的美国，南方各州依然存在奴隶制，对奴隶的买卖、虐待，甚至处死亦视若等闲。斯托夫人的父亲是一位废奴主义者，耳濡目染下，斯托夫人也从小对奴隶有着强烈的同情心。

1851年，斯托夫人在报纸《民族时代》的版面上，开始连载《汤姆叔叔的小屋》，讲述了一个黑人奴隶在别人的帮助下逃跑的故事。故事中汤姆叔叔饱受磨难，但始终坚持信仰与美德，最终用牺牲感动了朋友与敌人。小说出版后广受好评，大大推动了北方的废奴运动。斯托夫人因为用笔杆掀起了一场黑奴解放战争而被铭记。

西班牙文学典范
——《唐·吉诃德》

西班牙 1547—1616

文艺复兴的浪潮传到西班牙后,西班牙诞生了一位伟大的作家——塞万提斯(Miguel de Cervantes Saavedra,1547—1616)。

塞万提斯的一生一波三折。他出生于落魄贵族,少时曾随父亲四处游历,后在战争中负伤,左手残疾。他在乘船回乡的途中遭遇了海盗,被俘后沦为奴隶五年。回乡后,他决定写剧本谋生,但并不卖座。几经周折,他终于在五十一岁开始了《唐·吉诃德》的写作。

《唐·吉诃德》是一部反骑士小说。书中故事发生在早已没有骑士的年代,但唐·吉诃德仍然幻想自己是个骑士。他行侠仗义,游走天下,不断闹出笑话,做出种种匪夷所思的事情。塞万提斯借这部作品,揭示了教会的蛮横、社会的黑暗和人民的困苦。《唐·吉诃德》不仅语言、情节幽默,且善用民间谚语。小说推出后,一纸风行。

《唐·吉诃德》是西班牙文学的典范,被视为现代西方文学的奠基作品之一。英国著名诗人拜伦曾说:"《唐·吉诃德》是一个令人伤感的故事,它越是令人发笑,则越令人难过。"

英国印刷史上第一本书
——《坎特伯雷故事集》

英国　1343—1400

众所周知，活字印刷术是中国古代四大发明之一，那英国印刷史上第一本书——《坎特伯雷故事集》（于1387年出版），是由谁写成的呢？

该书的作者是英国小说家、诗人杰弗里·乔叟（Geoffrey Chaucer，1343—1400）。

《坎特伯雷故事集》深受薄伽丘的《十日谈》影响，内容围绕三十多名来自不同社会阶层的"朝圣者"展开：他们从伦敦一家客店出发，踏上前往坎特伯雷大教堂的漫长旅程。客店店主自告奋勇担任导游，并提议往返途中每人各讲两个故事，以解五天旅途中的无聊。

这本书富有今日所说的"英式幽默"，颇具道德意味，鼓励读者反思人生，自出版以来一直深受人们喜爱。

不过，这本书只有二十四则故事，与前文所说的三十多名朝圣者，旅途五天，每人各说两则故事的数量不符。那么读者是否发现了什么？没错，英国印刷史的第一本书，是部未完成的作品！

弥尔顿最出色的史诗作品——《失乐园》

英国 1608—1674

约翰·弥尔顿（John Milton，1608—1674），英国诗人、思想家，毕业于剑桥大学，是一位才华横溢的学者，甚至有人把他与荷马、维吉尔等著名诗人并称。

弥尔顿可以说是西方文学史上最后一位史诗作者，他最出色的史诗作品就是《失乐园》。《失乐园》取材自《圣经·旧约·创世记》。原版书中讲述的是人类始祖因偷吃禁果而被逐出伊甸园的故事。弥尔顿则在原版的基础上加以想象，在《失乐园》中讲述了因背叛神而被驱逐的撒旦，化身为蛇引诱人类堕落，从而带出有关宗教、婚姻、政治，乃至哲学等深层次问题的探讨。

弥尔顿有自己坚定的政治立场，他一生尽己所能去为英国人民发声，甚至后来身体转差乃至失明，仍以惊人的毅力口述了三部伟大的史诗作品。正如他在《失乐园》中所言："千万人错误时，会有二三知情者"，弥尔顿所坚持的"正确"，如《论出版自由》中所提倡的自由思想等，在美国独立战争后终为世人认可及推崇。

杰出游记体讽刺小说《格列佛游记》

爱尔兰　1667—1745

你是否听过小人国和大人国的故事？故事中的主人公格列佛在小人国随便撒尿便能浇熄皇宫大火，但在大人国却又变成国王的掌中玩物，这些都是我们童年故事书中的情节，许多人读过后便念念不忘。这里的小人国和大人国就出自爱尔兰讽刺文学大师乔纳森·斯威夫特（Jonathan Swift，1667—1745）笔下的《格列佛游记》。

1726年出版的《格列佛游记》分为四卷，记载了格列佛的四次冒险旅行，分别是：利立浦特（小人国）游记，布罗卜丁奈格（大人国）游记，勒皮他、巴尔尼巴比、拉格奈格、格勒大锥、日本（飞岛国）游记和慧骃国游记。小说虽然具有童话色彩，但那只是表面特征，深层次的尖锐讽刺才是其灵魂。

书籍首度出版时，因考虑到政治局势，斯威夫特删掉了许多敏感的情节与叙述。如今，《格列佛游记》出版几个世纪以来，被翻译成几十种语言，在世界各国广为流传。

不畏强权的优秀诗人 伏尔泰

法国　1694—1778

伏尔泰（Voltaire，1694—1778），本名弗朗索瓦-玛利·阿鲁埃，法国启蒙运动代表人物之一，思想家、文学家、哲学家，被称为"法兰西思想之父"。伏尔泰以捍卫公民自由闻名，他的论说以语言尖锐、笔调讽刺见长，常抨击天主教教会的教条和封建专制制度。

1717年，伏尔泰因写讽刺诗影射宫廷生活，被投入巴士底监狱。在狱中，伏尔泰完成了他的第一部剧本——《俄狄浦斯王》。次年，《俄狄浦斯王》在巴黎上演，引起轰动，伏尔泰也因此赢得"法兰西最优秀诗人"的桂冠。

1726年，伏尔泰遭贵族诬告，再一次被投入巴士底监狱，一年后出狱，随即被驱逐出境，流亡英国。

伏尔泰与卢梭的恩恩怨怨，一直为人们所津津乐道。他们同为法国的启蒙思想家，彼此却水火不容。据说伏尔泰读过卢梭影响法国大革命的《社会契约论》后，在写给朋友的信中进行了尖酸的评价。

幽默大师 马克·吐温

美国 1835—1910

马克·吐温（Mark Twain，1835—1910），美国幽默大师、作家、著名演说家，代表作有《汤姆·索亚历险记》《王子与贫儿》和《哈克贝利·费恩历险记》等。马克·吐温早期作品多为轻松幽默的风格，中期作品则以辛辣的讽刺为主，充满了对社会的批判。

马克·吐温并非其本名，由于他曾做过水手，在发表文章时就用了水手们测量水深时喊的话"Mark twain"（意为做两个标记，指水深约3.6米，可安全航行）作为笔名。

关于马克·吐温还有一则趣事。

某年愚人节，有人在纽约一家报社刊登马克·吐温过世的消息，想捉弄一下这位幽默大师。看到报纸消息，不明真相的亲朋好友纷纷来吊丧，结果到他家里一看，马克·吐温正好好地端坐在书桌前写作呢！

得知真相的众人十分愤怒，一致要追究报社的责任。但是马克·吐温一点都没有生气，反倒幽默地说："说我死了的报道，错倒是没有错，只不过是将日期提前一些罢了。"众人听罢，都相视而笑。

孤高的拜伦式英雄
英国 1788—1824

乔治·戈登·拜伦（George Gordon Byron，1788—1824），19世纪英国浪漫主义诗人，代表作有《唐璜》《恰尔德·哈洛尔德游记》等。他在诗歌里塑造了一批"拜伦式英雄"。

所谓"拜伦式英雄"指的是，拜伦在作品中塑造的一系列个人主义反抗者的形象，他们烙刻着拜伦的思想印记。这些反抗者高傲，倔强，才能出众，追求自由。他们敢于反抗强权、旧的社会秩序和宗教道德。但是，这些反抗者斗争目的不明确，又找不到出路，最后总是以失败或死亡告终。

拜伦虽然出身贵族，拥有男爵头衔，但他一生为理想战斗，更是积极而勇敢地投身革命——参加希腊民族解放运动，并成为领导人之一。不幸的是，拜伦因病逝于军旅之中。

拜伦的死使希腊人民深感悲痛，希腊的独立政府更是为拜伦举行了隆重的国葬仪式。

天才女作家 艾米莉·勃朗特

英国 1818—1848

艾米莉·勃朗特（Emily Jane Bronte, 1818—1848），19世纪英国作家和诗人。其唯一的长篇代表作——《呼啸山庄》奠定了她在英国文学史乃至世界文学史上的地位。

《呼啸山庄》讲述呼啸山庄老主人收养了一个弃儿，为之取名为希斯克利夫。后来，希斯克利夫与老主人的女儿凯瑟琳相互爱慕。但是，凯瑟琳却另嫁画眉山庄主人林顿，希斯克利夫在被凯瑟琳的哥哥百般羞辱后，愤而离开山庄。数年后，成功归来的希斯克利夫决心要报复他们。在凯瑟琳兄妹死后，希斯克利夫收养了他们的子女，将怨愤发泄到孩子身上。但没想到的是，两个孩子长大后互相爱慕，希斯克利夫本想拆散他们，却从他们身上看到了自己与凯瑟琳的影子，于是放弃了复仇。

希斯克利夫的爱情悲剧是小说的主线，他在报复中始终保留着对凯瑟琳的爱。也是这点爱，使他在最后放过了凯瑟琳的后代，放弃了报复的念头。小说在讲述恶的过程中，一直笼罩着压抑的气氛，但结局终于露出了善的希望，显示了人性的复苏。

史上最短的电报源于雨果

法国　1802—1885

"？""！"这可能是史上最短的电报。1862年维克多·马里·雨果（Victor Marie Hugo，1802—1885）的名著《悲惨世界》出版，当时在外度假的雨果传了一份电报给他的出版商，内文只有一个标点符号"？"，表示他想知道《悲惨世界》的销量如何。出版商是个聪明人，他也回复了一个标点符号"！"，表示销量很好。

虽然此书大卖，但是读者对其褒贬不一，有人说《悲惨世界》过于悲情，也有人说其倾向于同情革命者。但评论界皆认同此书是一部具有极大影响力的作品。小说描绘了法国大革命期间的社会状态，让读者感受到当时真实的社会面貌。

《悲惨世界》还有一个有趣的特点，书中有大概三分之一的内容是题外话，雨果曾开宗明义地表示后文与主线无关，其中一部分是对于法国社会的描写，如俚语、生活习惯等。但这些看似无关的内容却丰富了故事的描写，使一切变得有血有肉，并如实地展现了真正的悲惨世界。

手执剪刀的作家
——大仲马

法国 1802—1870

亚历山大·仲马（Alexandre Dumas，1802—1870），19世纪法国浪漫主义作家，人称大仲马，代表作有《基督山伯爵》《三剑客》等世界名著。此外，据统计，大仲马著有一百五十多部小说、二十五本戏剧，甚至还写过一本食谱。

面对如此高产的大仲马，有人说他写作只需拿着剪刀，剪剪贴贴，就能拼成一部小说。对此，大仲马的回应是："在广袤的文学领域里，在有关人类行为方面，不可能存在史无前例之事。作品中的人物被置于类似的境遇中，以同样的方法行动，以同样的话语自我表现，是常见的事。"

大仲马创作的《基督山伯爵》是通俗小说的典范，被翻译成几十种文字出版，至今畅销。

大仲马的优良作品——小仲马

法国 1824—1895

亚历山大·仲马（Alexandre Dumas fils，1824—1895），19世纪法国著名小说家、戏剧家，人称小仲马，父亲是大名鼎鼎的大仲马。小仲马创作的作品数量远远不及其父，但是他所创作的长篇小说——《茶花女》足以让他取得与父亲一样的声名，并且名扬世界。

《茶花女》是小仲马根据自己与交际花玛丽的故事写成的。十八岁那年，小仲马与玛丽相识，相爱。但玛丽不愿退出交际花圈子，这让小仲马极其愤怒，并写了一封绝交信给她，之后就离开了巴黎。原本就患有肺病的玛丽受到失恋的打击，从此一病不起，于1847年去世。

小仲马再回到巴黎时，才得知玛丽已死的消息。他伤心欲绝，将这段故事写成了《茶花女》，小说中玛格丽特的原型就是玛丽。

《茶花女》发表后，小仲马一举成名，接着，他又把小说改编为剧本，上映后大获成功。小仲马发电告诉父亲："第一天上映的盛况，足以令人误以为是您的作品！"

大仲马立即回电："孩子，我最好的作品正是你！"

侦探推理小说鼻祖
——爱伦·坡

美国　1809—1849

埃德加·爱伦·坡（Edgar Allan Poe，1809—1849），19世纪美国短篇小说家、诗人，他的作品中以侦探和悬疑小说最为有名。

爱伦·坡刚开始创作的小说没有受到赏识，他写了四个短篇小说参加比赛，但无一获奖。不过，这四个短篇小说于次年刊登在报纸上。这给了爱伦·坡继续创作的信心。于是，他又写了六个短篇小说，希望能与之前的几篇一同出版。此时的爱伦·坡已崭露头角，大部分投稿出版机构都会接受。尽管如此，爱伦·坡的生活依然拮据，因为他有酗酒的习惯，稿费全都用来买酒了。爱伦·坡一生都浸淫在写作与酗酒中，甚至连死亡可能也是由于酒精中毒。

尽管爱伦·坡一生写的侦探推理小说不多，但举世公认他是"侦探推理小说的鼻祖"。爱伦·坡不仅成功地把哥特故事同侦探推理故事结合起来，而且打破了严肃小说与通俗小说的界限，对后世有很大的影响。美国推理作家协会甚至还设立爱伦·坡奖，颁给全世界最优秀的侦探小说家。

伟大的童话作家
——安徒生

丹麦 1805—1875

汉斯·克里斯汀·安徒生（Hans Christian Andersen，1805—1875），19世纪丹麦童话作家，被誉为"现代童话之父"。

安徒生出生于一个贫穷的鞋匠家庭，童年生活贫苦。但也正是因为自己童年的经历，安徒生在成名之初，便已立志要为孩子们送上温暖，并教导他们热爱生活，信奉美和真理。安徒生的童话故事丰富多彩，为孩子们营造出许多奇幻的世界与独特的情感，但其中也不乏对现实的讽刺。在《皇帝的新衣》里，他反映现实中的丑恶无知；在《卖火柴的小女孩》中，他真切描述穷人的苦难；而《拇指姑娘》则充满童趣，奇妙的历险故事令孩子们笑逐颜开。

安徒生一共写了一百六十多篇童话故事，他是19世纪第一个赢得世界声誉的北欧作家，其作品被翻译成一百五十多种语言。同时，也催生了大量电影、舞台剧、芭蕾舞剧及动画的创作。

尝尽苦难的狄更斯

英国 1812—1870

查尔斯·约翰·赫法姆·狄更斯（Charles John Huffam Dickens，1812—1870），19世纪英国最伟大的作家，也是一位以反映现实生活见长的作家。

狄更斯有很多代表作，诸如《大卫·科波菲尔》《远大前程》《雾都孤儿》《尼古拉斯·尼克贝》《小气财神》《双城记》等，这些都是享誉世界的文学巨著。

长篇小说《大卫·科波菲尔》带有自传体性质，全书采用第一人称叙事，融进了作者本人的许多生活经历。狄更斯借主人公大卫一生的悲欢离合，深层次地揭示了当时社会的真实面貌，突出地表现了金钱对婚姻、家庭和社会的腐蚀作用。除此之外，狄更斯用简洁的语言风趣幽默地塑造了一个个栩栩如生的人物，其中大卫、贝西小姐等成了世界文学史上的经典形象。俄国作家列夫·托尔斯泰认为，《大卫·科波菲尔》是所有英国小说中最好的一部。

另外，狄更斯的《双城记》《雾都孤儿》等同样深受广大读者的欢迎，在全世界盛行不衰。

意识流小说经典
——《尤利西斯》

爱尔兰 1882—1941

詹姆斯·乔伊斯（James Joyce，1882—1941），爱尔兰作家、诗人，其一生颠沛流离，辗转于欧洲各地，以教授英语和写作糊口。乔伊斯把日常生活作为写作对象，客观而详细地用文字将真实生活展现在读者面前，其代表作有《都柏林人》《一个青年艺术家的画像》《尤利西斯》等。

其中，《尤利西斯》可以说是意识流小说的经典之作。小说讲述了主人公布卢姆在都柏林街头的一日游荡，细致地描写了十八个小时内所发生的事情，呈现出人类社会的缩影，也通过对一个人一天生活和精神变化的细致刻画揭示出人类社会的悲与喜。

《尤利西斯》运用了大量细节描写和意识流手法构建了一个交错的时空，在语言上形成了一种独特的风格，被誉为20世纪一百部最佳英文小说之首，书中所描述的6月16日更是被命名为"布卢姆日"。

传遍世界的爱情名著《傲慢与偏见》

英国　1775—1817

简·奥斯汀（Jane Austen，1775—1817），著名的英国小说家，出生于乡绅大家庭，受过良好的教育，年少时以创作诗歌、故事和剧本作为自己和家人的娱乐活动。

奥斯汀的作品主题和她的生活息息相关，大多围绕地主乡绅的生活，写实地反映当时女性的婚姻观念。代表作有《傲慢与偏见》《理智与情感》《曼斯菲尔德庄园》等，其中《傲慢与偏见》是她成就最高的一部小说。

《傲慢与偏见》讲述了达西和伊丽莎白的爱情故事。通过对二人情感发展的描写，奥斯汀呈现了19世纪英国乡绅阶层的礼节、教育、道德和婚姻的真实画面。伊丽莎白和达西先生本来互怀偏见，但在历经许多错综复杂的事件后，达西发现伊丽莎白机敏聪慧、开朗活泼，对她甚是爱慕；伊丽莎白也注意到了达西的正直善良和真实所想。于是，二人抛开成见，终成一对令人羡慕的佳偶。

时至今日，奥斯汀的作品依然深受欢迎，从《傲慢与偏见》多次被改编成影视作品可见一斑。

俄国文化的良心
——托尔斯泰

俄国 1828—1910

列夫·尼古拉耶维奇·托尔斯泰（Lev Nikolayevich Tolstoy，1828—1910），俄国现实主义批判作家，代表作有《战争与和平》《安娜·卡列尼娜》《复活》等。

托尔斯泰虽然是贵族出身，但他并没有像别人一样染上奢靡风气，他终其一生都在探寻人生的意义。起初，托尔斯泰出国，看到了资本主义社会的种种矛盾，但是苦于没有找到消灭矛盾的途径，于是呼吁人们按照"永恒的宗教真理"生活。后来，托尔斯泰去欧洲考察，又受到欧洲启蒙思想的影响，从而对宗教教义体系产生了怀疑，所以他有时会像一个人本主义者一样思考人性。

在托尔斯泰的作品中始终有着乌托邦思想，主要表现为反抗及抨击一切暴力和不公平，他希望人们可以通过劳动和道德表现，建立起一个和谐的国家。

托尔斯泰晚年时，世界观激变，遂选择离家出走。在途中由于患肺炎，死在了一个火车站候车室里。虽然托尔斯泰离去了，但他所带来的影响却是无法磨灭的，诸如阿纳托尔·法朗士、罗曼·罗兰等都受到过他的熏陶。

捕鲸业的百科全书
——《白鲸记》
美国 1819—1891

赫尔曼·梅尔维尔（Herman Melville，1819—1891），美国著名小说家、散文家、诗人，代表作有《白鲸记》《泰比》《欧穆》等。梅尔维尔曾当过教师和水手，其作品多与水手生涯有关，以旅行文学和海洋文学为主。其中《白鲸记》被认为是美国最伟大的长篇小说，书中关于捕鲸业的习俗，以及鲸鱼的生理结构、特点等都有据可考，被称为"捕鲸业的百科全书"。

《白鲸记》讲述了捕鲸船长亚哈因被一条名叫迪克的白鲸咬断了一条腿，而决心寻找迪克复仇，甚至不惜以命相搏。整个故事以唯一逃生的船员以实玛利自述的方式展开，不仅叙述了捕鲸人追击白鲸的经历，而且对生命现象、人生的光明和阴暗以及大自然的神秘莫测，甚至生与死的哲学等都有探讨。

《白鲸记》初出版时，并没有受到读者的喜爱。直到梅尔维尔去世三十年后，《白鲸记》在美国著名文学家威廉·卡斯伯特·福克纳的肯定下才得以彰显于世，可惜梅尔维尔本人无法亲自见证。

用笔环游世界的凡尔纳

法国 1828—1905

儒勒·加布里埃尔·凡尔纳（Jules Gabriel Verne，1828—1905），法国小说家、剧作家、诗人，被誉为"科幻小说之父"。据联合国教科文组织的资料，凡尔纳是世界上作品被翻译得第二多的作家，仅次于阿加莎·克里斯蒂，位于莎士比亚之上。

大多数人对于凡尔纳的认识，可能源于其创作的《海底两万里》，但是《环游世界八十天》亦是其杰出的代表作之一。这部小说讲述了英国绅士福克，因为一个赌约决意在八十天内环游世界，然后回到伦敦的故事。

值得说的是，《环游世界八十天》参考了现实中的航班表，并充分利用了1869年刚全线连通的太平洋铁路，以及同年开凿完毕的苏伊士运河。这样一来，读者就好像跟着作者一起旅行一般。也正是因为受到《环游世界八十天》的吸引及鼓舞，许多冒险旅行家纷纷开始环球旅行，并且相继打破环球旅行的纪录。

20世纪以来，凡尔纳的作品更是不断被搬上银幕，深受人们喜爱。

《小妇人》的坚强自立精神

美国 1832—1888

路易莎·梅·奥尔科特（Louisa May Alcott，1832—1888），19世纪美国小说家。其代表作《小妇人》是美国文学的经典著作。

奥尔科特自小受当作家和教师的父亲的影响，很早就对写作产生了兴趣。《小妇人》中的许多故事取材于现实生活，奥尔科特以描写家庭生活为对象，以家庭成员的感情纠葛为线索，展现出人的坚强自立与团结友爱精神。

书中热爱写作、冲动直率的二女儿乔，是奥尔科特以自己为蓝本塑造的人物。但与乔不同的是，奥尔科特终身未嫁，她笔耕不辍，后来成为美国镀金时代（1870—1890）的知名女作家。她的独立自主与对废奴主义和女权主义的支持，也是那个年代新女性的真实写照。

最后摘选《小妇人》中的一句话："在底下的人不怕跌倒，低微的人不会骄傲，谦虚的人一直都有上帝的照顾。"

纪伯伦巅峰之作
——《先知》

黎巴嫩　1883—1931

哈里利·纪伯伦（Khalil Gibran，1883—1931），黎巴嫩诗人、作家、画家，阿拉伯文学的主要奠基人。其作品的主题总是围绕着"爱"和"美"，代表作有《先知》《先行者》等。

《先知》是一部散文诗集。纪伯伦以优美的语言，探讨爱、婚姻、自由、善恶、美和死亡等二十六个主题，全诗充满了浓郁的诗情和哲理。按照纪伯伦自己的话说，《先知》是"思考一千年"才写成的。西方评论界更是对《先知》有"东方馈赠给西方的最好的礼物"的美誉，可见其在文学界的地位之高。

中国著名作家冰心说，纪伯伦的作品就像"一个饱经沧桑的老人在讲为人处世的哲理，于平静中流露出淡淡的悲凉"。这也正是纪伯伦作品的魅力所在。

俄国文学之父
——普希金

俄国　1799—1837

亚历山大·谢尔盖耶维奇·普希金（Aleksandr Sergeyevich Pushkin，1799—1837），俄国伟大的民族诗人，俄国现实主义文学的奠基人，被誉为"俄国诗歌的太阳""俄国文学之父"。

普希金的诗体小说《叶甫盖尼·奥涅金》是其最重要的作品，普希金用了八年时间写成。小说通过叶甫盖尼·奥涅金的人生经历来反映生活的真实，传达他对现实人生的看法和对人类本性的观察，包含着非常丰富的内涵。

普希金除了是伟大的诗人外，还是非常杰出的画家，在他的手稿中，可以看到许多草图和速写，诸如肖像、风景、奔马和花卉等，这些都是他为自己的作品配的插图。不仅如此，就连普希金的那张肖像画，也是他本人所画。

普希金的一生虽然只有短暂的三十八年，但他对俄国的影响是毋庸置疑的，正如他纪念碑上的铭文所说："我的名字将传遍伟大的俄罗斯，它现存的一切语言，都会讲着我的名字。"

现代戏剧之父
——易卜生

挪威　1828—1906

亨里克·易卜生（Henrik Ibsen，1828—1906），19世纪挪威最伟大的戏剧家，欧洲近代戏剧新纪元的开创者，被誉为"现代戏剧之父"。其代表作《玩偶之家》更是被誉为"妇女解放运动的宣言书"。

《玩偶之家》讲述女主角娜拉伪造父亲的签名，向人借贷，给丈夫海尔茂治病。但是，海尔茂知道后并没有感谢娜拉，反而指责娜拉败坏了他的名声。后来，当债主在娜拉朋友的陈情下慷慨退回借据时，海尔茂又转变态度，表示愿意和娜拉和好。经此转折，娜拉看清了丈夫的自私，知道他只是把自己当玩偶，并不是真的爱她。故事最后，娜拉毅然离开了"玩偶之家"。这一方面是对资产阶级法律、道德等提出了严重怀疑和激烈批判，另一方面也体现了娜拉是个思想解放的女性。

后来，《玩偶之家》搬上舞台，引起巨大反响。娜拉要求解放个性、不做"贤妻良母"的坚决态度，遭到上流社会的责难和非议。但是，易卜生并没有因此退缩，而是继续创作，他所创作的作品通常被称为"社会问题剧"。这种"问题剧"大都以重大社会问题为题材，反讽社会。这也是易卜生独一无二的创作方式。

文采斐然的哲学家
——尼采

德国　1844—1900

弗里德里希·威廉·尼采（Friedrich Wilhelm Nietzsche，1844—1900），德国哲学家、语言学家、文化评论家，亦是一位诗人、作曲家。尼采被认为是西方现代哲学的开创者，他的著作和思想在宗教、道德、哲学，乃至科学领域都有很大的影响。

尼采的写作风格非常特别，擅于使用格言、悖论等技巧进行论述。这可能基于他是文字学家的缘故。后来，尼采钻研哲学，其代表作有《查拉图斯特拉如是说》《反基督》《善恶的彼岸》等。尼采的哲学理论，并不像一般哲学家那样晦涩难懂，他以优美的文字，把独到的思想像旋律般铺陈开来，像文学语言一样让读者易于了解。

尼采认为，《查拉图斯特拉如是说》是自己"给人类的空前伟大的礼物"。比如，其中对于"上帝已死"的主张的诠释，即指人们对神的崇拜只是逃避现实的借口。

稍纵即逝的流星
——济慈

英国　1795—1821

约翰·济慈（John Keats，1795—1821），英国杰出的诗人之一。在英国文学史上，与拜伦、雪莱合称为"撒旦派"，代表积极的浪漫主义精神，与"湖畔派"相对。

济慈自幼酷爱文学，十四岁时已将古罗马诗人维吉尔的长诗《埃涅阿斯记》译成英语；二十二岁时，出版了第一本诗集。然而，诗集受到好评的同时也被苛刻地攻击。翌年春天，济慈又出版诗集《恩底弥翁》，诗歌想象丰富，色彩绚丽，洋溢着对自由的渴望，表现了反古典主义的进步倾向。

不幸的是，济慈在二十六岁时就因肺结核恶化去世了。但也正是在这段艰难的时期，济慈的创作达到了鼎盛。诸如，脍炙人口的《夜莺颂》《致秋天》等，皆是在他逝世的前几年写成的。

去世之前，济慈为自己撰写了墓志铭："此地长眠者，声名水上书。"其中饱含了他对人生的慨叹——无论生前如何，死亡后所有的荣誉、声望都将像水上书写的文字，被淹没于时间的洪流里。

一生孤独的卡夫卡

奥地利 1883—1924

法兰兹·卡夫卡（Franz Kafka，1883—1924），奥地利小说家，西方现代派文学大师，代表作品有《变形记》《审判》等。

卡夫卡描写的都是生活在社会底层的小人物，他们遭受压迫而不敢反抗，向往明天又看不到出路。现实生活中的异化、人性的残酷无情、亲子间的冲突和矛盾以及官僚机构的阴暗，在卡夫卡的笔下让人震惊和恐惧。他的《变形记》就是在复杂的情节中揭示了社会的弊端和人性变化的扭曲。

卡夫卡生前并不为世人所认识，他本人也不喜欢出名，临终前曾嘱托好友烧毁其所有文稿，幸而对方决定将它们付印出版，才让世人看到这位文学大师的传世作品。

卡夫卡的一生比较孤独，与父亲之间一直存在沟通障碍；他三次订婚，又三次解除婚约，注定了一生孤独的命运。

乐观有干劲的杰克·伦敦

美国　1876—1916

杰克·伦敦（Jack London，1876—1916），美国现实主义作家，出生于一个破产的农民家庭，童年时就已饱尝穷困的滋味。从八岁开始，杰克先后做过牧童、报童、码头小工等。他住在贫民窟里，过着到处流浪的生活。这些经历日后都成为他创作作品的重要元素。

1900年，杰克发表了第一部短篇小说集《狼的儿子》，赢得了读者的赞赏。1903年，他写下了美国文学史上的经典之作《野性的呼唤》。这部作品被誉为"世界上读得最多的美国小说"。1909年，杰克发表了半自传体长篇小说《马丁·伊登》，通过刻画马丁·伊登这一悲剧性人物，揭露了资产阶级上流社会的虚伪。这部小说对20世纪初期的美国文坛产生了极大的影响。

杰克一生著述甚丰，一共写了十九部长篇小说、一百多篇短篇小说和故事等，这与他丰富的人生经历是分不开的。

美国文学之父
——华盛顿·欧文

美国 1783—1859

华盛顿·欧文（Washington Irving，1783—1859），美国著名作家、外交官，也是一位历史学家，被誉为"美国文学之父"，代表作有《纽约外史》《李伯大梦》《沉睡谷传奇》等。

欧文从小热爱写作，十八九岁就开始在报纸上发表散文。后来，他担任西班牙大使，这也激发他撰写了三部有关西班牙的著作。欧文一生勤于创作，甚至在去世前八个月，还完成了一部关于乔治·华盛顿的长达五卷的传记。

在欧文的著作中，《沉睡谷传奇》是影响至今的畅销作品，改编自美国民间传说，讲述乡村教师克瑞恩和乡村青年布鲁恩特一起争夺少女卡翠娜芳心的故事。其中加入了无头骑士的传说，充满了神秘主义和浪漫主义色彩。

《沉睡谷传奇》出版后多次被改编为电视剧、电影等，深受观众的欢迎。

世界上最受欢迎的童书
——《格林童话》

德国　1785—1863、1786—1859

《格林童话》，是由德国语言学家雅各布·格林（Jacob Grimm，1785—1863）和威廉·格林（Wilhelm Grimm，1786—1859）兄弟俩合作出版的一部著名童话故事集。全书收录童话故事二百余则，与《安徒生童话》《一千零一夜》并列为"世界童话三大宝库"。

其中，《白雪公主》《睡美人》《长发姑娘》《灰姑娘》《青蛙王子》等，都是人们耳熟能详的童话故事。

《格林童话》一经问世，便成为世上最受欢迎的儿童读物，仅中文译本就超过了一百种，是销量仅次于《圣经》的"最畅销的德文作品"。

1985年，德国政府为纪念童话大师格林兄弟诞生二百周年，在他们的故乡及经典作品的发生地，规划了一条童话大道。

德国古典文学的最后一位代表——海涅

德国　1797—1856

海因里希·海涅（Heinrich Heine，1797—1856），德国抒情诗人和散文家。海涅一生勤于创作，除了大量传世诗歌外，还撰写了一系列关于宗教、哲学、文学、音乐、绘画及政治等的评论。

1827年，海涅将早期作品《诗歌集》出版，从此名扬世界。这部《诗歌集》充满浓厚的浪漫主义色彩，内容多为抒写诗人自己的经历、感受和憧憬。优美的诗篇吸引了众多大作曲家为其谱曲，他们都给予了海涅崇高的评价，称他为"德国古典文学的最后一位代表"。

《乘着歌声的翅膀》是海涅最为人熟知的一首诗，全诗情感真挚，用字浅白；另一首为世人铭记的长诗是《德国，一个冬天的童话》，这是一首政治讽刺诗，写于1843年。海涅回国时看到德国的统治如冬天一般寒冷，故有感而发。全诗虽然是对德国进行讽刺和嘲弄，但在痛恨之下却是海涅对德国无法割舍的赤诚的爱。

海明威其人其事

美国　1899—1961

　　欧内斯特·米勒尔·海明威（Ernest Miller Hemingway，1899—1961），美国作家、记者，被认为是20世纪最著名的小说家之一。

　　海明威生于芝加哥奥克帕克，热爱狩猎、漫画、体育，更热爱大自然。海明威十八岁时在《堪城星报》工作；第一次世界大战时于红十字会担任救护车司机，这也让他目睹了战争的残酷。这一时期的经历，后来成了海明威创作《永别了，武器》的灵感。

　　《老人与海》是海明威晚年的作品，奠定了他在世界文学史上的突出地位。这部作品将信念、意志、顽强、勇气和力量融于一体，是海明威个人人生观的综合体现。1954年，海明威凭借《老人与海》荣获诺贝尔文学奖，这部作品也被屡次改编成电影。

　　为了纪念海明威，他的故乡奥克帕克设立了"海明威博物馆"，海明威生前住过的佛罗里达州庄园也设立了"海明威纪念博物馆"。

菲茨杰拉德的传世之作
——《了不起的盖茨比》

美国　1896—1940

弗朗西斯·斯科特·基·菲茨杰拉德（Francis Scott Key Fitzgerald，1896—1940），美国作家，与同时代的海明威齐名，是19世纪20年代"迷茫的一代"的代表作家之一。

首部长篇小说《人间天堂》出版后，不仅让菲茨杰拉德出了名，也让他获得了不菲的收入。不久，菲茨杰拉德和吉姗尔达结婚，但婚后妻子讲究排场，挥霍无度，后又患上精神疾病，给菲茨杰拉德带来极大的痛苦。

1925年，奠定菲茨杰拉德在美国文学史上地位的名作《了不起的盖茨比》问世，讲述了神秘的富翁盖茨比因对黛西的痴迷而发生的一系列故事，并以象征的手法展现了对"美国梦"的嘲讽和悲怅。

《了不起的盖茨比》问世后，当时的评论褒贬不一，销量也是平平，但其价值在后来被发现，并被多次搬上舞台和银幕，在美国当代文学史上留下了浓墨重彩的一笔。

高尔基
《海燕》

苏联 1868—1936

马克西姆·高尔基（Maxim Gorky，1868—1936），本名阿列克赛·马克西姆维奇·彼什科夫（Alexei Maximovich Peshkov），苏联作家、剧作家，亦是一位政治活动家。

高尔基的童年在祖父母家度过，十余岁时便出来做工，当过学徒、搬运工等。后来高尔基上了大学，接触到革命运动后，开设了一个面包工作坊，将其作为马克思主义小组的秘密图书馆。

在著名的散文诗《海燕》中，高尔基以象征的手法，通过塑造诸如"海燕""海鸥""大海""乌云"等意象，来鼓舞人们在暴风雨来临之际，勇敢地去迎接伟大的战斗，勇敢地向时代发出宣言："让暴风雨来得更猛烈些吧！"

高尔基的代表作除《海燕》外，还有《童年》《母亲》等。列宁评价高尔基是社会主义现实主义文学奠基人，苏联文学的创始人之一。

肖洛霍夫的俄国革命画卷
——《静静的顿河》

苏联 1905—1984

米哈伊尔·亚历山德罗维奇·肖洛霍夫（Mikhail Aleksandrovich Sholokhov，1905—1984），苏联著名作家，代表作有《静静的顿河》《一个人的遭遇》等。

其中，《静静的顿河》通过讲述哥萨克青年士兵葛利高里和阿克西尼亚的悲剧命运，描绘了顿河两岸哥萨克人在俄国革命和战争时期的动荡生活，以及战争给他们带来的社会和思想上的矛盾与斗争。

小说结构宏大，内容丰富，展现了历史的厚重与沧桑，还入木三分地揭示了人性的复杂，堪称世界文学上的一朵奇葩。

出人意料的幽默小说家
——欧·亨利

美国　1862—1910

欧·亨利（O. Henry, 1862—1910），美国现代短篇小说创始人，与契诃夫、莫泊桑并列为"世界三大短篇小说巨匠"。欧·亨利自小由姑母抚养长大，受姑母影响，非常喜爱阅读，最喜欢的书就是《一千零一夜》。高中毕业后，欧·亨利便出来工作，在美国西部居住期间当过牧羊人、歌手、药剂师、绘图员、记者等。后来，为了维持生计，开始以"欧·亨利"为笔名，进行短篇小说的创作。

欧·亨利是一名高产作家，一生中创作了近三百篇短篇小说和一部长篇小说，代表作有《最后一片叶子》《城市之声》等。欧·亨利的短篇小说构思精妙、言辞幽默，结局往往让主角的心理或命运出现突然的变化，这种变化既合乎情理又能给人带来惊喜，被称为"欧·亨利式结尾"。

比如，《最后一片叶子》讲述的：在一位患了肺炎的女画家垂死挣扎之际发现窗外有一片枯叶在一夜风雨过后仍然长在藤枝上。这唤起了女画家生存的欲望，她竟不药而愈。后来，女画家才知道，原来那片奇迹般的枯叶是邻居老画家冒着风雨画上去的。而老画家因为在雨夜淋着雨画树叶而患了肺炎，仅病了两天就去世了。小说朴实而温情，结局的反转，正是"欧·亨利式结尾"的风格所在。

批判现实主义作家
——屠格涅夫

俄国　1818—1883

伊凡·谢尔盖耶维奇·屠格涅夫（Ivan Sergeyevich Turgenev，1818—1883），19世纪俄国批判现实主义作家。

屠格涅夫出生于贵族家庭，但他对农奴的悲惨遭遇充满同情，其代表作品《猎人笔记》《罗亭》《贵族之家》《父与子》等，皆深刻地反映了当时的社会现实。

1838年，屠格涅夫前往柏林大学学习黑格尔哲学。他在欧洲见识到了更加现代化的社会制度，故此他极力主张祖国积极向西方"取经"，废除农奴制等封建制度。

1852年，他开始发表《猎人笔记》，深得各方的赞赏。

1862年，他的《父与子》出版，此书极富思想深度，加上艺术成就高，故此极具影响力。

总体而言，屠格涅夫创作的作品反映了俄国从封建农奴制转变为资本主义制度这一过渡时期的社会生活，塑造了一系列富有时代特征的艺术典型，对俄国乃至世界文学都产生了极大的影响。

世界的良心 罗曼·罗兰

法国　1866—1944

罗曼·罗兰（Romain Rolland，1866—1944），法国批判现实主义作家、思想家、音乐评论家，曾经历过第一次世界大战，主要以创作英雄传记闻名，代表作有《约翰·克利斯朵夫》《贝多芬传》《米开朗基罗传》《托尔斯泰传》等。

其中，罗兰凭《约翰·克利斯朵夫》获诺贝尔文学奖，获奖原因正是他"文学作品中的高尚理想"和其"描绘各种不同类型人物时所表现的同情心和真实性"。后来，罗兰把奖金全部赠予国际红十字会和法国难民组织。

罗兰所追求的英雄并非拿破仑、恺撒式的人物，而是那些具有伟大灵魂的人。就如他在《名人传》的卷首语中所说："我所给予英雄称号的，并非思想或力量取胜的人，他们仅因为心灵的高尚而伟大。"

罗兰打破传统传记的写法，仅粗略地勾勒人物的生平，着重描写人物的思想和心路历程，并辅以大量的人物语录等，通过这些把人物最真实的一面呈现出来。不愧被小说巨匠茨威格称为"时代精神的代言人、世界的良心"。

《月亮和六便士》的暗喻

英国　1874—1965

威廉·萨默塞特·毛姆（William Somerset Maugham，1874—1965），英国小说家、戏剧家，代表作品有《人生的枷锁》《月亮和六便士》等。

小说《月亮和六便士》中有这样一句话："主人公菲利普像所有年轻人一样，终日低头寻找地上的六便士银币，却错过了头顶的月亮。"在这个故事中，毛姆以画家高更的生平为素材，讲述了一个中年股票经纪人不顾一切追寻艺术的故事。

"月亮"代表高高在上的理想，而"六便士"则代表着现实。毛姆通过刻画一个一心追求艺术、不通人情世故的怪才，探索了艺术的产生与本质、个性与天才的关系，以及艺术家与社会的矛盾等引人深思的问题。

毛姆在书末有一番自嘲："从事自己最想做的事情、生活在让自己开心的状态下，这样算是把自己的人生搞砸吗？"

普鲁斯特的《追忆似水年华》

法国 1871—1922

马塞尔·普鲁斯特（Marcel Proust，1871—1922），生于法国一个富有的家庭，父亲是名医。普鲁斯特从小体弱，生性敏感，喜爱幻想，这对他文学才能的养成起了促进作用。

1896年，普鲁斯特出版了第一本小说《欢乐与时日》。后来，由于身体时常犯病的缘故，普鲁斯特只能闭门写作。1913年，又出版了《追忆似水年华》第一部，直至1922年去世前，共出版了四部。普鲁斯特在《追忆似水年华》中，以回忆的形式对往事做了叙述，有童年记忆、家庭生活、初恋与失恋、对历史事件的观察，以及对艺术的见解和对时空的认识等。在宏观上，整个作品浑然一体，具有蓬勃的生命力。

普鲁斯特被后世誉为意识流大师，有评论家说，"这是一个自愿活埋在坟墓中的人的抒情记录"。

1919年，《追忆似水年华》第二部获法国龚古尔文学奖，这部经典至今仍令人赞叹不已，是以此书又被誉为20世纪最伟大的小说之一。

福尔摩斯之父
——阿瑟·柯南·道尔
英国　1859—1930

阿瑟·柯南·道尔（Arthur Conan Doyle, 1859—1930），英国著名的小说家、医生。小时候虽在天主教小学就读，却是一位不可知论者；后来在爱丁堡大学学医，毕业后开办了诊所但并不顺利，遂开始写作。1887年，柯南·道尔发表小说《血字的研究》，主人公就是大名鼎鼎的夏洛克·福尔摩斯。后来，道尔陆续又发表了《四个签名》《巴斯克维尔的猎犬》等，内容均以福尔摩斯与华生的经历为主线，他们联手破获了一件件耸人听闻的奇案，故这些作品也被称为《福尔摩斯探案集》。

然而，《福尔摩斯探案集》的创作耗费了道尔太多的心力，并且险些被腰斩。柯南·道尔曾在给他母亲的信中说："我考虑杀掉福尔摩斯……把他干掉，一了百了。他占据了我太多的时间。"而实际上，福尔摩斯也在1893年发表的《最后一案》中"死"过一次，但在一众读者的不满呼声下"捡回一命"。

不管过程如何，《福尔摩斯探案集》开辟了侦探小说历史的"黄金时代"，这是毋庸置疑的。福尔摩斯也成了"神探"的代名词，直到现在，还不断被改编成影视作品，风靡世界。

乔治·奥威尔
惊人的政治预言

英国　1903—1950

乔治·奥威尔（George Orwell，1903—1950），英国作家、新闻记者和社会评论家。

奥威尔十一岁已在报上发表诗作，从伊顿公学毕业后，曾在缅甸任殖民警察五年，而且在西班牙内战时服过役，这些经历让他对西方殖民主义有所反思，对战争与和平、极权与民主、社会关怀与人类理想有深刻的思考。

1945年出版的《动物庄园》和1949年出版的《1984》，在全球产生了深远的影响，在这两部作品中奥威尔以辛辣文笔暗讽极权主义和追逐权力者。在《动物庄园》一书中，作者借由动物庄园的发展变化，做出了对苏联解体、东欧剧变的预言，后来被历史所印证。

这不得不说，奥威尔敏锐的洞察力是让人诧异的，他不仅用笔审视和记录了他所生活的那个时代，还做出了许多超越时代的预言。

为德莱赛带来成功的《美国的悲剧》

美国 1871—1945

西奥多·赫曼·阿尔伯特·德莱赛（Theodore Herman Albert Dreiser，1871—1945），美国现代小说的先驱，现实主义作家之一。德莱赛的家庭非常贫困，令他渴望拥有优越的物质生活和社会地位。他曾当过记者，后来开始了写作生涯，代表作有《嘉莉妹妹》《珍妮姑娘》《美国的悲剧》等。

德莱赛初期的小说有悖于美国的传统思想观念，引起了很大的争议，他的《嘉莉妹妹》更是一度被禁止发行。直到长篇小说《美国的悲剧》的发行，才让德莱赛一举成名。

《美国的悲剧》的创作来自一个真实的谋杀案。德莱赛在书中描写了主人公克莱德这个穷小子，起先与工厂女工洛蓓达恋爱，后来攀上了富家女桑德拉。为摆脱洛蓓达，他谋划了翻船事件杀掉了洛蓓达，但最终案发，克莱德被捕。小说中一系列的事件，让克莱德逐渐蜕变，堕落为杀人犯，以致最后自我毁灭。从另一方面来说，《美国的悲剧》就是对当时社会现实的一种严厉的控诉。

德莱赛的作品忠于生活，大胆创新，突破了美国文坛上传统思想的禁锢。也正因如此，德莱赛的作品具有感人的艺术魅力。

乡土文学楷模
——福克纳

美国 1897—1962

威廉·卡斯伯特·福克纳（William Cuthbert Faulkner，1897—1962），美国小说家、诗人、剧作家，美国文学史上最具影响力的作家之一。福克纳初期的作品并不受关注，后来受前辈作家舍伍德·安德森指点，以自己的家乡为主题进行创作，就此奠定了他创作乡土文学的大方向。

福克纳的代表作有《喧哗与骚动》《我弥留之际》《圣殿》等，其中1929年成书的《喧哗与骚动》更是意识流文学的经典，深深影响了福克纳的后续创作，更是为他带来了诺贝尔文学奖的殊荣。

《喧哗与骚动》以充满同情、怜悯的笔触，写了一个南方没落地主康普生一家的家族悲剧。小说运用了大量的多视角叙述方法及意识流手法，表现了家族成员各自的生活遭遇和精神状态。同时，也真实地呈现了当时的社会生活，以及作者对资本主义价值标准的批判。

福克纳极为眷恋自己的土地，甚至在获得诺贝尔文学奖时也拒绝远离家乡领奖。他自言，他的家乡是他穷其一生都写不尽的宝库。

最出色的反战小说
——《西线无战事》
德国　1898—1970

埃里希·玛利亚·雷马克（Erich Maria Remarque，1898—1970）出生于德国天主教家庭，十八岁时被迫参加第一次世界大战，战后移居美国。他的作品多带有强烈的反战意识，纳粹当政后，其作品因为这种强烈的反战意识而被查禁。

在雷马克的作品《西线无战事》中，我们仿佛回到第一次世界大战的西线战场。雷马克生动地描述了前线战士每天提心吊胆的生活，他们遭受着炮弹、地雷、毒气、机关枪、手榴弹的攻击，冰冷的枪炮和战友的尸体提醒着他们必须活下去。书中除了描绘血淋淋的战争画面外，还刻画了人类在生死边缘爆发出的人性。雷马克笔下的一个十八岁士兵，他的梦想和信念都被残酷的战争摧残，心灵的创伤比身体上的伤口更难愈合，以致逐渐失去了自我，遗忘了原有的初心。

雷马克通过《西线无战事》让人们看到了战争的残酷，也引发了人们对战争的强烈谴责和深深反思。这部作品出版后被译为五十多种文字，畅销数千万册，更是被拍成电影、电视剧、舞台剧等，轰动世界，是历来影响力最为深远的反战小说。

帕斯捷尔纳克的史诗作品——《日瓦戈医生》

苏联 1890—1960

鲍利斯·列奥尼多维奇·帕斯捷尔纳克（Boris Leonidovich Pasternak，1890—1960），苏联作家，用了八年时间完成名作《日瓦戈医生》，被西方的苏俄文学专家称为"一部不朽的史诗"。

《日瓦戈医生》主要描述俄国医生日瓦戈与妻子冬妮亚及女护士拉娜之间的三角爱情故事。小说通过几个知识分子在革命及战乱年代里的悲惨遭遇，反映了战争的残酷、毁灭的无情和个人的消极。这部作品直到1956年才全部完成，但是遭遇被禁。后来，在意大利出版，引起了很大的反响。1958年，帕斯捷尔纳克凭借该书获得了诺贝尔文学奖。

可惜的是，《日瓦戈医生》的成功却导致帕斯捷尔纳克被苏联政府驱逐出境。两年后，帕斯捷尔纳克郁郁而终。

米切尔，一生只写一部巨著

美国 1900—1949

玛格丽特·米切尔（Margaret Mitchell，1900—1949），美国现代著名作家，代表作为《飘》。

米切尔出生于良好的家庭，双亲皆为律师。她曾就读于华盛顿神学院，后担任《亚特兰大日报》记者，1926年因脚伤辞去记者工作，潜心写作。《飘》的创作即始于1926年，但是直至1936年才得以出版。虽然创作时间漫长，但是此书一经出版即畅销，日销量最高时竟达五万册。1937年，《飘》荣获普利策奖和美国出版商协会奖。随后，《飘》被搬上好莱坞银幕，并被命名为《乱世佳人》，成为好莱坞史上最卖座的电影之一，米切尔从此名扬世界。

《飘》塑造了美丽、任性又坚强的女主角斯佳丽。作者通过对女主角在南北战争时期的爱情及生活状况的描述，反映出这个时期的种种社会现象。

劳伦斯，我手写我心

英国 1885—1930

大卫·赫伯特·劳伦斯（David Herbert Lawrence，1885—1930），20世纪英国小说家，也是出色的诗人、剧作家和散文家。

劳伦斯出生于英国诺丁汉郡的煤矿小镇，父亲为煤矿工人，母亲当过教师，父母关系不睦，家庭生活也不是很顺利。劳伦斯早年生活的波折成为其创作的灵感。

1910年，劳伦斯出版首部长篇小说《白孔雀》。但不久母亲病逝，这也成为他人生的重大转折点。1913年，出版名作《儿子与情人》，在西方评论界引起极大争议，因为此书的主要内容是以主人公的内心感受和心理活动为主，并以自然界景物来显现人物内心情感，更是把恋母情结体现得淋漓尽致，因此这部作品在问世初期先后在英美被禁。

另外一部作品，《查泰莱夫人的情人》是以家乡诺丁汉郡为背景所写的一部长篇小说，故事灵感源自他不快乐的家庭生活。此书于1960年出版，在进行出版品审查时，引起了极大风波。

劳伦斯终生都以故乡诺丁汉郡为创作背景，其作品弥漫着忧郁情绪，这也源于他自己的生活，可以说是"我手写我心"。

书写世界中的孤苦
"异乡人"
法国　1913—1960

阿尔贝·加缪（Albert Camus，1913—1960），法国小说家、哲学家、戏剧家和评论家。加缪父亲早亡，全赖母亲抚养成人。贫困艰难的童年与成长后面对的残酷现实，使得他的作品充满了对人生的严肃思考。

1932年，加缪陆续发表作品，多以人道主义为核心价值，后凭借《异乡人》成为法国当时最年轻的诺贝尔文学奖得主，代表作还有《鼠疫》《卡里古拉》等。

1942年出版的《异乡人》描述了莫梭这个惊世骇俗的主人公，他不会为母亲的死而伤心，对于失手杀人亦毫无罪恶感，乃至被判处死刑也淡然应对。加缪借这个故事，表现了第二次世界大战之后，人们对未来充满迷茫，精神没有归宿的现实，他们变成了世界上孤独、痛苦、冷漠的"异乡人"。

加缪在领取诺贝尔奖项时说："把世人共有的欢愉或痛苦，由作家以独有的方式描绘出来，已能牵动无数的人。"

赫胥黎的《美丽新世界》

英国　1894—1963

阿道司·赫胥黎（Aldous Huxley，1894—1963），英国作家，出生于英国历史上著名的赫胥黎家族。其家族成员在科学、医学、艺术、文学等领域都有卓越的成就，如生物学家托马斯·亨利·赫胥黎。赫胥黎早年在父亲的植物实验室中学习，后来在牛津大学修读英国文学。

赫胥黎在二十岁时就开始写作，代表作有《美丽新世界》《时间须静止》《天才与女神》等。其中，《美丽新世界》被认为是20世纪最经典的反乌托邦文学作品之一，也让赫胥黎的名字永远留在了文学史上。

在《美丽新世界》中，赫胥黎引用了广博的生物学、心理学知识，描绘了在虚构的福特纪元632年（公元2532年），一个人从出生到死亡都受到控制的社会，即"美丽新世界"。在这个"新世界"里，人们从事着劳心、劳力、创造、统治等工作，统治者通过各种先进的科技手段，如试管婴儿、心理操控等，严格管制人们的行为模式，确保人们生活在订立的制度内，统一而安定。

可是，在这个"美丽新世界"中，人们失去了个人情感，失去了思考的权利，失去了创造力，而所谓的"高科技"也没有令社会进步，反而导致文明倒退，可谓讽刺至极，这也是《美丽新世界》带给人们的反思。

哈代最优秀的作品
——《德伯家的苔丝》
英国 1840—1928

托马斯·哈代（Thomas Hardy，1840—1928），英国作家，生活于英国资本主义的"黄金时代"，曾从事文学、哲学和神学的研究，当过几年建筑师，后致力于文学创作。

哈代的小说多以农村生活为背景，代表作品有《绿荫下》《远离尘嚣》等，皆表现出反对工业城市文明的主旨，并对资本主义工业下的道德沦丧做出了深刻的揭露和批判。

《德伯家的苔丝》是哈代最重要的长篇小说之一，叙述了美丽善良的农家姑娘苔丝的悲剧命运。哈代通过描绘新兴工业给乡村带来的冲击，揭露了禁锢民众思想、强调贞洁、压抑妇女社会地位的虚伪道德。也正是如此，《德伯家的苔丝》被评为是"19世纪英国文学的一颗明珠"。

美国文明之父
——爱默生

美国 1803—1882

拉尔夫·沃尔多·爱默生（Ralph Waldo Emerson，1803—1882），美国思想家、文学家、诗人、演说家。十四岁时入读哈佛大学，后来又继续在神学院钻研，成为一位唯一神论派牧师，但因对宗教抱有疑虑而离职。

爱默生是美国文化精神的代表人物，其超验主义被称为"美国文艺复兴"，而且与其他知识分子创立了"超验俱乐部"。他出版的第一篇作品《论自然》，主张人能超越感觉和理性而直接认识真理，并和上帝交流。如《论自然》开篇导言中就直言我们应拥有一种"有关洞察力的诗歌与哲学"，拥有"直接给予我们启示的宗教"。

爱默生的行文犹如格言，哲理深入浅出，说服力极强，而且注重思想内容，不过分注重辞藻的华丽，具有典型的"爱默生风格"。

爱默生有这样一句话："如果你要获得成功，就应当以恒心为良友，以经验为顾问，以小心为兄弟，以希望为守护者。"正是这种做学问的态度，让美国总统林肯尊称他为"美国文明之父"！

马尔克斯传世名作——《百年孤独》

哥伦比亚 1927—2014

加夫列尔·加西亚·马尔克斯（Gabriel Garcia Márquez，1927—2014），拉丁美洲著名作家、记者，魔幻现实主义文学的代表人物。代表作品有《百年孤独》《霍乱时期的爱情》等。

其中，发表于1967年的《百年孤独》采用魔幻现实主义风格创作，描写了布恩迪亚家族七代人的传奇故事，以及加勒比海沿岸小镇马孔多的百年兴衰，反映了拉丁美洲一个世纪以来风云变幻的历史。另一方面，书中融入了神话传说、民间故事、宗教典故等神秘因素，巧妙地糅合了现实与虚幻，展现出一个瑰丽的想象世界。

通过此书，人们重新认识了拉丁美洲人民与殖民者、独裁者斗争的历史。1982年，马尔克斯凭借此书获得诺贝尔文学奖。

瑞典皇家学院的颁奖理由是："马尔克斯永远为贫穷者请命，而反抗内部的压迫与外来的剥削。"

《生命中不能承受之轻》
——昆德拉

捷克 1929—

米兰·昆德拉（Milan Kundera，1929— ），捷克小说家，代表作品有《生命中不能承受之轻》《笑忘书》等。

1967年，昆德拉的第一部作品《玩笑》出版，讲述了青年知识分子路德维克被朋友陷害，进入苦役营，之后进行报复的故事。1968年，苏联入侵捷克，《玩笑》被列为禁书。

1979年，《笑忘书》在法国出版，讲述了捷克人在国家被苏联入侵后的生活。

1984年，昆德拉发表《生命中不能承受之轻》，在世界引起轰动。小说描述了托马斯与特丽莎、萨丽娜之间的感情生活，但它不是一个男人和两个女人的三角爱情故事，而是一部哲理小说。小说从"永恒轮回"的讨论开始，直至思考什么才是人类不能承受的生命之轻。既有隐喻式的哲学思考，也有人的悲欢离合的生命历程的展现。

1988年，美国导演菲利普·考夫曼将《生命中不能承受之轻》改编成电影《布拉格之恋》，大受欢迎。

生命只有一次，对于我们而言，它究竟是"轻"还是"重"呢？

乔万尼奥与《斯巴达克斯》

意大利 1838—1915

拉法埃洛·乔万尼奥里（Raffaello Giovagnoli，1838—1915），意大利作家，从小在父亲的指导下阅读史书和古罗马史学家的经典著作，为他日后的创作提供了养分与基础。

1867年，乔万尼奥里加入加里波第率领的远征军，1870年退役后开始从事文学创作，他的代表作《斯巴达克斯》就是在这个时期完成的。乔万尼奥里以真实的历史事件为依据，叙述了罗马爆发的最大的一场奴隶起义，通过描写金碧辉煌的宫殿和优美典雅的艺术品，突出贵族的腐败奢华和对奴隶的压榨迫害。同时，歌颂了革命者斯巴达克斯骁勇善战、机智聪明的完美英雄形象。

《斯巴达克斯》是意大利文学中最重要的长篇史诗之一，文中对英雄斯巴达克斯的描写对后世产生了深远的影响。

20世纪最具影响力的诗作
——《荒原》

英国 1888—1965

T. S. 艾略特（T. S. Eliot，1888—1965），英国著名诗人、评论家、剧作家，出生于美国，家境优越，学识渊博，对哲学、艺术、心理学等都有所涉猎，代表作有《四个四重奏》《荒原》《老负鼠的猫经》等。

第一次世界大战结束后，人们失去了对上帝的信仰，对社会充满了绝望，此时，《荒原》出现了。艾略特用典故、神话传说、古典文学甚至哲学等，含蓄而深刻地表达了对当代西方社会的看法和自己的心路历程。

艾略特借用不同的意象，展现了当时西方社会物欲横流，精神荒芜疲乏的现象。《荒原》一经发表，就被评论界看作20世纪最有影响力的诗作，至今仍被视为英美现代诗歌的里程碑。

1948年，六十岁的艾略特获得诺贝尔文学奖，他在有生之年看见了自己的成功，非常幸运。

麦卡洛名作——《荆棘鸟》

澳大利亚 1937—2015

考琳·麦卡洛（Colleen McCullough，1937—2015），澳大利亚当代著名作家，先后在澳大利亚、英国和美国从事神经生理学研究，是一名出色的神经学家。1997年，她被宣布为澳大利亚"活着的国宝"。

1977年，麦卡洛发表了《荆棘鸟》，这是一部家族小说，一共七部，讲述了克利里家族三代人的人生和情感。小说有着独特的文学氛围和吸引力，一经发表，即成为澳大利亚最畅销的图书、美国十大畅销书之一，被誉为澳大利亚的《飘》，后被改编成为电影、电视剧，风靡全球。麦卡洛和《荆棘鸟》也成为澳大利亚有史以来最著名的作家和最重要的文学作品。

1990年，麦卡洛发表《罗马之主》，这部历史小说使她在文学界获得极高的评价，她也因此被看作是历史学家。书中对历史的研究和准确把握，让麦卡洛获得了悉尼麦考瑞大学授予的文学博士学位。

反映社会百态的《人间喜剧》

法国　1799—1850

奥诺雷·德·巴尔扎克（Honoré de Balzac，1799—1850），法国小说家，被称为"现代法国小说之父"。出生不久后，就被寄情事业的父母送到郊外寄养。1813年按照父亲的意愿，巴尔扎克进入巴黎大学法学院学习法律，同时一心为创作累积素材。

1819年毕业之后，巴尔扎克完成了处女作《克伦威尔》，结果不尽如人意。他为摆脱经济上对父母的依赖，开始撰写流行小说，甚至试过弃文从商，但都以失败告终。

连番挫折令巴尔扎克更积极地投入创作。终于在1829年，巴尔扎克完成了历史小说《朱安党人》，使得他在文学界取得一席之地。之后，他开始构思《人间喜剧》系列，建构了一个宏大的世界，以展现人世间的一切纷争角逐、悲欢离合，以及社会百态。

《人间喜剧》是人类文学史上罕见的文学丰碑，被称为"资本主义社会的百科全书"。这部巨作包括九十多篇长篇小说和中、短篇小说，著名的《欧也妮·葛朗台》和《高老头》也在其中。

书写心灵罗曼史的霍桑

美国 1804—1864

纳撒尼尔·霍桑（Nathaniel Hawthorne，1804—1864），19世纪美国小说家，开创了美国浪漫主义小说和心理分析小说的先河。霍桑成长于宗教家庭，一生热爱写作。他早年丧父，九岁时不幸受伤瘸脚，大学毕业后回到家乡开始创作。除了当过一段时间的海关职员和晚年出任海外公使外，霍桑的一生几乎都在从事写作，代表作有《红字》《古宅青苔》《福谷传奇》等。

其中，《红字》不仅是美国浪漫主义小说的代表作，同时也被称作美国心理分析小说的开创篇，更是被改编成戏剧、歌剧、电影等。《红字》讲述已婚女子白兰因与清教徒牧师相恋，生下孩子后受到处罚，被当众戴上一个象征"通奸"的红色"A"字示众。然而，白兰坚贞不屈，拒不说出孩子的父亲。小说运用象征等手法抒情，内含心理分析描写，借以揭示宗教的偏狭和人的伪善，有"心灵罗曼史"的美誉。

据说，《红字》是霍桑在妻子索菲娅、好友爱默生、梭罗等人的帮助下写成的，初版就已在文学批评界和广大读者中引起巨大轰动，令霍桑声名大噪。

八岁写诗的"诗圣"
——泰戈尔

印度　1861—1941

拉宾德拉纳特·泰戈尔（Rabindranath Tagore，1861—1941），印度诗人、哲学家，出生于富贵之家，受过良好的教育。泰戈尔一生曾到不同的地方游历，认识到文化之间的差别，这令他笔下的东西方文化描写格外细腻。

泰戈尔写作体裁很广，包括小说、小品文、游记、话剧，甚至歌曲。但是，最著名的还是他的诗作。泰戈尔自八岁开始写诗，诗中含有他对宗教哲学的独到理解，如《吉檀迦利》的意译正是"献给神的赞歌"，因此很多印度教徒都视泰戈尔为圣人。泰戈尔更是凭《吉檀迦利》获得了诺贝尔文学奖，成为亚洲首位诺贝尔文学奖得主，其代表作《飞鸟集》《新月集》等在印度及世界各地广为流传，人们都尊称他为"诗圣"。

泰戈尔除了是一位才华横溢的诗人外，还是一位出色的作曲家。印度的国歌《人民的意志》、孟加拉国的国歌《金色的孟加拉》，均是由泰戈尔作曲、作词的。

短篇小说之王——契诃夫

俄国　1860—1904

安东·巴甫洛维奇·契诃夫（Anton Pavlovich Chekhov，1860—1904），俄国短篇小说巨匠，杰出的剧作家，是"世界三大短篇小说家"之一。契诃夫出生于一个贫困家庭，母亲是服装商人的女儿，经常给契诃夫兄弟姐妹讲述自己往昔和父亲周游列国的故事，契诃夫由此对戏剧产生了浓厚的兴趣。

大学时，契诃夫以文学记者的身份为一些幽默刊物写作，维持生计，处女作《给博学的邻居的一封信》发表后，开始受到关注。毕业后，契诃夫成为一名医生，但还是继续坚持写作。

后来，契诃夫到乌克兰东部旅行散心，受到当地流放犯人的生活环境影响，回来后开始创作一些现实主义的作品并尝试创作剧本，代表作有抨击沙皇专政的《六号病房》、喜剧《海鸥》和著名的悲喜剧《樱桃园》等。

契诃夫的作品以小人物来表现对丑恶现象的嘲笑和对贫苦人民的深切同情。他的小说短小精悍，简练朴素，语言明快生动，极富音乐节奏感，且寓意深刻，还被改编成不同语言的舞台剧。

德国的伟大作家
——席勒

德国　1759—1805

约翰·克里斯托弗·弗里德里希·冯·席勒（Johann Christoph Friedrich von Schiller，1759—1805），德国著名戏剧家和诗人。

1768年，席勒在拉丁语学校学习期间，被公爵强制选入军事学院。在学习期间，从小就对文学有着浓厚兴趣的席勒结识了心理学教师阿尔贝，并在他的影响下接触到莎士比亚、卢梭和歌德等人的作品，这促使席勒坚定地走上了文学创作的道路。

1781年，席勒完成了他的剧本《强盗》，剧本讲述了主人公卡尔追求自由，反抗阶级社会的故事。这部作品发表于社会运动气氛高涨之际，大受读者欢迎。之后，席勒开始了他的创作高峰期，先后完成了悲剧《阴谋与爱情》、诗歌《欢乐颂》等。其作品取材于生活，贴近社会现实，剧中人物形象鲜明且充满戏剧冲突。

席勒还是一名历史学家和哲学家，亦是德国启蒙文学的代表人物之一，被公认为德国文学史上地位仅次于歌德的伟大作家。

伟大的纪实小说
——《愤怒的葡萄》

美国 1902—1968

美国作家约翰·斯坦贝克（John Ernst Steinbeck，1902—1968），是第一代移民到美国的德国人，他没修读完大学就申请退学，专心写作。

他的作品取材于现实生活，多描述大萧条时期平民和移民工人的生活，代表作有《愤怒的葡萄》《伊甸之东》《人鼠之间》等。其中，《愤怒的葡萄》和《人鼠之间》分别让斯坦贝克获得了普利策小说奖和诺贝尔文学奖。

《愤怒的葡萄》描写了20世纪30年代美国经济恐慌时期中部各州农民破产、逃荒的故事，反映了惊心动魄的社会斗争图景。《愤怒的葡萄》不仅被列为美国高中和大学文学课的必读作品，还被改编成电影。

作为一部长篇纪实小说，《愤怒的葡萄》出版后，引起了美国各州统治集团的恐慌，被禁止发行。但《愤怒的葡萄》仍然是"卖得最快，评价最高，争论最激烈"的书，最后甚至成功迫使国会立法资助农民。可以说，这本书是当时最伟大的作品。

陀思妥耶夫斯基
基层观察实录《罪与罚》

俄国 1821—1881

费奥多尔·米哈伊洛维奇·陀思妥耶夫斯基（Fyodor Mikhailovich Dostoyevsky，1821—1881），是19世纪俄国文坛上享有世界声誉的小说家。陀思妥耶夫斯基出生于莫斯科，早年通过童话故事及传说开始接触文学，后进入工程学院就读，靠翻译书籍赚取外快。1846年发表作品《穷人》，之后进入圣彼得堡文学圈，代表作有《罪与罚》《白痴》《群魔》等。其中，《罪与罚》是陀思妥耶夫斯基的重要作品，与托尔斯泰的《战争与和平》并列为最具影响力的俄国小说。

《罪与罚》的故事主人公拉斯柯尔尼科夫是贫穷的法律系大学生，患有忧郁症，对"伟人可以舍弃一切道德约束乃至有权力犯罪"的念头深信不疑。他杀死了讨厌的房东老太太和她无辜的妹妹。拉斯柯尔尼科夫本不信有罪和罚，直到认识基督徒索妮雅，并在她的规劝下，彻悟自己的罪恶，遂投案自首，被判流放西伯利亚。

陀思妥耶夫斯基作品的主角多为社会底层人物。他通过细致刻画这些小人物的心理、行为等变化，描绘出俄国底层人民的悲惨生活和贵族社会的罪恶。鲁迅称他是"人类灵魂的伟大审问者"，美国哲学家瓦尔特·阿诺德·考夫曼更认为他是存在主义的奠基人。

才华横溢的王尔德

英国　1854—1900

奥斯卡·王尔德（Oscar Wilde，1854—1900），英国（本是爱尔兰人，但当时爱尔兰由英国统治——编者注）作家、诗人、剧作家，唯美主义艺术运动的倡导者，出生于爱尔兰，父亲是爵士，母亲是诗人。

1874年，王尔德进入牛津大学莫德林学院学习。在牛津，王尔德接触了不少学派和思想，奠定了他的写作基础。王尔德以戏剧创作和童话作品闻名于世界，代表作品有《快乐王子与其他故事》《夜莺与玫瑰》等。

虽说王尔德也创作小说，但他最大的成就是在戏剧方面，他的每一部戏剧作品都受到大众的热烈欢迎。有一个时期，伦敦的舞台同时上演了他的三部作品，王尔德成为伦敦最受欢迎的剧作家之一。他的《不可儿戏》《温夫人的扇子》等剧作，至今仍广受欢迎，被世界各地改编成舞台剧演出。

记者与戏剧家的双重身份
——萧伯纳

英国　1856—1950

萧伯纳，全名乔治·伯纳·萧（George Bernard Shaw, 1856—1950），英国著名剧作家、伦敦政治经济学院联合创始人、记者。父亲是法院官吏，经商破产后沉迷酗酒，母亲带他离家出走到伦敦教授音乐。受到母亲的熏陶，萧伯纳从小就爱好音乐和绘画。中学毕业后，他先后任抄写员、会计，并在报纸上写剧评和乐评。后来，他加入报社，以社会改革为己任，曾到苏联、中国采访。

萧伯纳的戏剧创作成就极高，代表作包括历史剧《圣女贞德》、戏剧《卖花女》等。其中，《卖花女》曾被改编为舞台剧在百老汇上演，之后又被改编为电影《窈窕淑女》，女主角由著名演员奥黛丽·赫本饰演。歌舞剧与电影的双重推广使得萧伯纳的这部作品家喻户晓。

萧伯纳一生创作了六十余部戏剧，风格多为幽默讽刺。1926年，萧伯纳因为作品"具有理想主义和人道主义"而获得诺贝尔文学奖。

世界文学之旅

以知识为信仰：
培根《论人生》

英国　1561—1626

弗兰西斯·培根（Francis Bacon，1561—1626），英国著名的哲学家、文学家，出色的政治家、科学家和法学家，出生于伦敦贵族家庭，年少聪敏，十二岁入读剑桥大学，被伊丽莎白女王称为"我的小掌玺大臣"。然而，晚年遭遇宫廷阴谋，被罢免一切官职。

培根的代表作有《学术的进展》《论人生》《新工具》等。其中，《论人生》是涵盖培根思想和情感的力作，1597年的初版只有十篇文章，后因反响极佳而续写，现存版本于1625年成书，收录五十八篇文章。

《论人生》文辞精练，文笔诙谐，在探讨真理、困厄、忌妒等问题上具有独到见解。

另外，培根所创立的科学归纳法，大大推动了新科学运动的发展，他深信"知识就是力量"。在《论人生》中，他说："真理的探求、真理的认识和真理的信仰，乃是人性中的最优之点。"

托尔金的魔戒故事

英国　1892—1973

J. R. R. 托尔金（J. R. R. Tolkien，1892—1973），英国作家，被称为"现代奇幻文学之父"，其代表作有长篇奇幻小说《霍比特人》《魔戒》等。托尔金的作品以奇幻冒险为主题，既拥有引人入胜的完整世界观，又有独特的种族设定，对后来的奇幻小说世界观影响很深。

托尔金的作品取材于现实。现实世界与他天马行空的幻想世界交融后，演变出一片独特的奇幻天地。在《魔戒》中，托尔金借多方势力对魔戒的争夺，向读者传递出珍惜和平的信息。其中的多方势力包括精灵、矮人、兽人等奇幻种族。

托尔金经历过两次世界大战，但他的内心却未被俗世所污染。20世纪60年代的"反主流文化运动"使托尔金的作品大受关注，但他本人对成为别人追捧的对象并不太感兴趣。现实的黑暗在他充满奇思妙想的大脑中结成丰盛的果实，并感染万千读者。他的《霍比特人》《魔戒》等作品，更是被改编为轰动一时的电影，亦成为后来不少奇幻作品参考的典范。

伍尔芙
呼唤女性独立

英国　1882—1941

艾德琳·弗吉尼亚·伍尔芙（Adeline Virginia Woolf，1882—1941），英国作家，现代主义与女性主义的先锋。她在小说中尝试意识流的写作方法，试图去描绘人们心底的潜意识。

伍尔芙的知名作品有小说《达洛维夫人》《到灯塔去》《雅各的房间》《奥兰多》及散文《属于自己的房间》等。其中，《属于自己的房间》以机智、讽刺的抒情散文形式，为女性在一个由男性支配的社会中所受到的歧视、排挤和侮辱，发出不平之声。她在书中通过虚构人物"玛丽"，呼唤所有女性"成为独立的自己"！在伍尔芙那个时代，能够呼吁"女性独立"确实是极具革命前瞻性的。

伍尔芙一直患有严重的精神病，她在完成《幕间》的创作后，预感到自己会再次精神崩溃。1941年3月28日，伍尔芙在自己的口袋里装满石头，投入她家附近的欧塞河，结束了自己的生命。

赛珍珠
传遍世界的《大地》

美国　1892—1973

赛珍珠（Pearl Sydenstricker Buck，1892—1973），美国作家，第一位同时获得普利策小说奖和诺贝尔文学奖的女作家，亦是作品流传语种最多的美国作家。代表作有自传《桥》，小说《大地》《东风·西风》等。

赛珍珠有一段颇长的旅华经历。1892年，赛珍珠还在襁褓中时就随父母来到中国，她先学习了汉语，后在母亲的教导下学习了英语。后来，赛珍珠回美国考取学位，不久再次回到中国。她嫁给了农业经济学家约翰·洛辛·卜凯并移居安徽。这个时期的经历，为她日后创作《大地》提供了大量写作素材。

《大地》是赛珍珠创作的一部长篇小说，全文以女性柔软而同情的笔触，结合白描手法，把中国农民的勤劳、善良，以及生活中的喜怒哀乐淋漓尽致地呈现在读者面前。小说出版后传遍世界，改变了西方人对中国"软弱落后"的刻板印象。可以说赛珍珠通过她的笔，把一个写实的中国展现于世界。

世界文坛一颗耀眼流星
——莫泊桑

法国　1850—1893

居伊·德·莫泊桑（Guy de Maupassant，1850—1893），法国现实主义作家，被誉为"短篇小说之王"，与契诃夫、欧·亨利并称为"世界三大短篇小说巨匠"，代表作有《项链》《羊脂球》《漂亮朋友》等。

莫泊桑出生于法国诺曼底，受母亲的熏陶，少年时即开始写诗。1873年，他拜福楼拜为师，学习文学创作。福楼拜认为"天才，无非是长久的忍耐"，他对莫泊桑鼓励有嘉，这也坚定了莫泊桑创作的信心。1879年，莫泊桑开始创作《羊脂球》，这是他的成熟之作，亦是令他蜚声法国文坛的经典之作。

莫泊桑的小说语言率真，在揭露上流社会坏风气的同时，又对卑微的小市民寄予无限同情。小说通过生活中的小片段，以小见大地反映现实，真实地呈现出19世纪法国社会的面貌。

莫泊桑一生创作无数，共留下六部长篇小说，三百余篇中、短篇小说及三部游记，是法国文学史上成就最高的作家之一。

风靡苏联的革命小说《牛虻》

爱尔兰 1864—1960

艾捷尔·丽莲·伏尼契（Ethel Lilian Voynich，1864—1960），爱尔兰小说家、音乐家，也是一名革命支持者，代表作为《牛虻》。伏尼契在伦敦时结识了一些爱国的流亡革命者，驱使她开始创作以意大利人民革命为主题的小说《牛虻》。

《牛虻》的主人公亚瑟自小在养父母家里长大，是一位信仰虔诚、气质忧郁、内心朴素善良的年轻人。在接触到意大利革命党后，亚瑟觉得只有参与革命才能填补他空虚的心灵，成为一名真正的基督徒。然而，他在向神父忏悔爱情时无意中泄露了

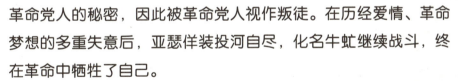

革命党人的秘密，因此被革命党人视作叛徒。在历经爱情、革命梦想的多重失意后，亚瑟佯装投河自尽，化名牛虻继续战斗，终在革命中牺牲了自己。

伏尼契在苏联极受欢迎，甚至有苏联天文学家以她的名字为新发现的小行星命名。因为《牛虻》描绘了理想的革命人物，颂扬了为革命献身的精神，故被苏联指定为必读书，其后更是被改编成同名电影。

妇女解放的"圣经"
——《第二性》

法国 1908—1986

西蒙娜·德·波伏娃（Simone de Beauvoir，1908—1986），法国作家，女权运动的创始人之一及重要理论家。

波伏娃的父亲把自己对于文学的喜爱都传承给了孩子。在波伏娃的父亲看来，世间最美好的职业莫过于当一名作家。所以他认为，唯有学习可解救女儿波伏娃未来的生活。

1949年，波伏娃撰写的《第二性》出版后引起极大反响，书中纵论了历史演变过程中，妇女的地位和权力的实际情况，被认为是妇女解放"圣经"。在《第二性》中，波伏娃言道："我们并非生来为女人，我们是成为女人。"这句话也带出了妇女的真正解放是必须获得自由选择生育的权利，对于20世纪60年代的女权主义运动有着极大的推动和影响。

1954年，波伏娃凭借小说《名士风流》获得龚古尔文学奖。此外，她的议论文、传记等也深受读者喜爱。她和存在主义哲学家萨特是非传统的伴侣关系。

完美的现实主义大师
——福楼拜

法国　1821—1880

　　古斯塔夫·福楼拜（Gustave Flaubert，1821—1880），法国作家，出生于医学世家，但他本人在父亲的安排下攻读法学，因病辍学，此后专心致志从事文学创作。

　　享誉世界的名著《包法利夫人》是福楼拜创作的第一部长篇小说，也是现实主义小说的经典之作。故事讲述一名对爱情与激情富有幻想的妇女爱玛，不甘于平淡的婚姻生活而出轨，从此踏上挥霍无度的激情生活，最后因欠下巨债又被情人所弃而服毒自杀。

　　由于小说内容真实地反映了19世纪法国各阶层人物的生活情况，即使福楼拜再三声明《包法利夫人》仅是虚构的故事，也还是逃不了对号入座的人控告他"有伤风化"。这也从另一方面反映出福楼拜的作品确能"完美"地反映现实，直击人心。

欧洲文学的传奇
——《红与黑》

法国 1783—1842

司汤达（Stendhal，1783—1842），本名马利-亨利·贝尔（Marie-Henri Beyle），出生于法国一个律师家庭，七岁丧母，一生对政治充满激情，可是爱情常常失意，曾数次试图了断宝贵的生命。

他的代表作《红与黑》讲述下层青年于连奋力想要做上等人，为出人头地不择手段，最后付出了生命的代价。小说发表后，由于题材和写作手法的独特，在当时并没有得到大众及学界的重视。直到问世五年后，它的耀眼光芒才被发现。

《红与黑》通过大量的心理描写来刻画人物形象，使人物变得生动、鲜明，具有极强的真实性。司汤达以独白和联想等艺术手法更深层地挖掘人物心理，开创了后世"意识流小说""心理小说"的先河。现今，甚至有专门研究司汤达和《红与黑》的学科及刊物（《司汤达俱乐部》杂志），足见其影响之深、之远。

环保抗命先锋
——梭罗

美国　1817—1862

亨利·大卫·梭罗（Henry David Thoreau，1817—1862），美国作家、诗人、哲学家和废奴主义者，曾在哈佛大学攻读修辞学、经典文学、哲学、科学和数学。毕业后移居湖畔，尝试闲适的隐居生活，由此他极力提倡环境保护，呼吁停止浪费，破除迷思，体会生命的本质。

梭罗直言："大部分的奢侈品和所谓的舒适生活，不仅可有可无，甚至可能会阻碍人类升华。"

梭罗的代表作有《瓦尔登湖》《论公民抗命》等。《瓦尔登湖》记载了梭罗在瓦尔登湖的隐逸生活；《论公民抗命》则探讨面对政治体系的不公，公民应采取合理的行为抗争，也就是"非暴力抵抗"的斗争形式。他的这种思想对印度"圣雄"甘地及马丁·路德·金等都产生了很大的影响。

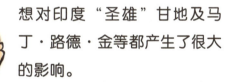

梭罗并不反对文明，但他认为自然和文明生活应该相结合。可以说，梭罗是环保和公民抗命的先锋。

离经叛道的"守护者"
——《麦田里的守望者》

美国 1919—2010

杰罗姆·大卫·塞林格（Jerome David Salinger，1919—2010）是一位美国作家，中学时期开始小说创作，经历过第二次世界大战，其短篇小说多刊登于《纽约客》，但真正使其声名大噪的作品却是1951年发表的长篇小说《麦田里的守望者》。这部小说是塞林格退伍后的巅峰之作，初出版已引起巨大轰动，极受青年人欢迎，被《时代》杂志评为"百大英语小说"，随后更是被翻译成多国版本。

《麦田里的守望者》讲述青年霍尔顿因成绩差而第四次被学校开除后，不敢回家，于是出走。在出走期间，他吸烟、喝酒，满嘴粗言秽语，后来在妹妹菲苾的开导下，觉得自己有使命守护那些在麦田上玩耍、误闯到悬崖边的孩子。塞林格以第一人称细腻地描写青少年的心理，文字极富感染力，尤其是主人公霍尔顿的经历和思想，在青少年中引起了强烈的共鸣。但是，塞林格之后的作品都不及《麦田里的守望者》反响热烈。

晚年时，塞林格远离人群居住，非常低调。可以说，《麦田里的守望者》远比塞林格本人更广为人知。

阿瑟·米勒创造"美国梦"

美国　1915—2005

阿瑟·米勒（Arthur Miller，1915—2005），美国剧作家。经济大萧条时家道中落，后靠自己的努力进入密歇根大学新闻系，毕业后，开始从事剧本创作。他是一名多产而质量高的剧作家，代表作有《推销员之死》《萨勒姆的女巫》《吾子吾弟》等。其中，《推销员之死》为米勒赢得了包括普利策奖在内的三项大奖，令他成为享誉世界的作家。

《推销员之死》是一部戏剧作品，主人公威利年轻时是一位出色的推销员，但在时代的改变和其身体状态转差后，逐渐丧失追逐"美国梦"的能力。米勒运用情境再现、意识流等创作手法，让读者见证了威利想靠自己的双手发家的"美国梦"是如何破灭的，这也是对当时资本主义下"美国梦"的强烈批评。

米勒的作品能在美国引起巨大反响，与他着重取材于生活、社会、家庭等有关，他的作品能反映出人们的道德价值和社会责任，不流于商业化和娱乐功能，这是米勒成功的重要原因。

世界文学之旅

伟大的诗人
——叶芝

爱尔兰　1865—1939

威廉·巴特勒·叶芝（William Butler Yeats, 1865—1939），被艾略特誉为"当代最伟大的诗人"。他不但是爱尔兰诗人、剧作家，还曾担任剧院决策人、爱尔兰国会参议员等职务。他以传统诗歌的形式，创作出了一首又一首动人的英文诗作。

1923年，叶芝获得诺贝尔文学奖，获奖理由是"用鼓舞人心的诗篇，以高度的艺术形式表达了整个民族的精神风貌"。两年后，他发表短诗《瑞典之丰饶》，以致心意。

1925年，叶芝出版《灵视》，其中列举了柏拉图、布列塔诺及几位现代哲学家的观点，以证自己的占星学、神秘主义及历史观点，被认为是呕心沥血之作。

晚年时，叶芝搬至都柏林近郊，继续创作诗集、戏剧及散文。其中，高峰之作《驶向拜占庭》，表达了叶芝对古老神秘的东方文明的向往。

一生探求真理的萨特

法国 1905—1980

让-保罗·萨特（Jean-Paul Sartre，1905—1980），20世纪法国哲学家，同时也是作家、剧作家和政治家。

萨特出生于法国巴黎一个富裕的家庭，文学底子极佳。在"二战"时期，他写出了对后世极具影响的哲学作品——《存在与虚无》，成为法国存在主义运动的奠基之作。

萨特希望通过《存在与虚无》，把自己多年对人与世界关系的思考写出来。他说："因为一个人并非自愿存于世上，然而一旦存在，他就是自由的，同时也要对自己所做的一切负责。"

萨特的另一部作品《呕吐》，于1964年获得诺贝尔文学奖。诺贝尔评委认为《呕吐》"具原创性、充满自由及探求真理的精神"。

萨特与终身伴侣、女权运动的理论家西蒙·波伏娃的哲学思想相近，两人一生互相扶持，不离不弃。

文学巨匠
尤金·奥尼尔

美国　1888—1953

尤金·奥尼尔（Eugene O'Neill，1888—1953），美国著名剧作家，表现主义文学的代表作家。他一生创作独幕剧二十一部，多幕剧二十八部，四次获普利策奖，代表作有《天外边》等。1936年，奥尼尔获得诺贝尔文学奖。

奥尼尔的剧本风格多元，甚至结合神话，用传统莎士比亚戏剧的独白、戴面具演出等形式进行表演，打破了19世纪传统戏剧的表现方式，因此被誉为"美国现代戏剧之父"。

奥尼尔的另一部传世戏剧作品《长夜漫漫路迢迢》，描述了他早年家庭中爱恨交织的生活，可以说是他的自传作品。在剧本扉页上，奥尼尔致言太太："最亲爱的：我把这部戏，这部消除旧恨、用泪和血写的戏的原稿献给你。"

首位女性诺贝尔文学奖获得者——塞尔玛

瑞典　1858—1940

塞尔玛·拉格洛夫（Selma Lagerlöf，1858—1940），瑞典作家、教师。1891年，塞尔玛的第一部文学作品《古斯泰·贝林的故事》出版，小说以一位年轻牧师的遭遇为主要情节，很快成为畅销书，使塞尔玛一跃成为瑞典著名的小说家。短篇小说集《有形的锁链》《假基督的故事》《古代斯堪的纳维亚神话集》和《耶路撒冷》，皆是她流传于世的作品。

1902年，塞尔玛受瑞典国家教师联盟委托，为孩子们创作了一部以故事形式来介绍地理学、生物学和民俗学等知识的童话书——《尼尔斯骑鹅旅行记》。这部童话作品出版后，深受欢迎。1909年，塞尔玛由于"作品中特有的高贵的理想主义、丰富的想象力、平易而优美的风格"，获得诺贝尔文学奖。塞尔玛是瑞典第一位获得这一荣誉的作家，也是世界上第一位获得这一荣誉的女性。

1940年3月16日，塞尔玛因脑出血去世。在去世前不久，这位女作家还以她个人的影响力，从集中营里救出了犹太女作家奈莉·萨克斯女士及她的母亲。

时至今日，塞尔玛的肖像还出现在瑞典二十克朗的钞票上！

文学主义知多少

人文主义（14—16世纪）

14—16世纪，欧洲掀起了一场思想文化运动，被称为文艺复兴。当时，文学作品大多表现出人文主义思想，主张个性解放，提倡科学文化，肯定人权，以理性和仁慈为核心价值。

代表作家：拉伯雷、但丁、薄伽丘等。

古典主义（17世纪）

古典主义指以古时某一时期的作品风格为最高标准，并试图模仿创作。比如，17世纪法国兴起的以古希腊、古罗马文学为典范的文学思潮就被人们称为古典主义。

代表作家：莫里哀、弗朗索瓦·德·马勒布、皮耶·高乃依等。

浪漫主义（18世纪末—19世纪上半叶）

浪漫主义是始于18世纪末的一种创作手法，主张从作者内心出发，通过作品反映现实。浪漫主义继承并发扬了文艺复兴时期的人文主义。文学作品多使用热情、瑰丽的语言，以及通过夸张的手法来塑造人物形象。

代表作家： 雪莱、叶芝、拜伦、雨果等。

现实主义（19世纪）

现实主义起源于19世纪，与浪漫主义同为文学艺术上的两大主要思潮，主要描写社会真实的情况。除了文学上可以使用现实主义外，还有绘画、戏剧等多样的表现形式。

代表作家： 巴尔扎克、托尔斯泰、马克·吐温等。

超验主义（19世纪）

超验主义兴起于19世纪30年代，又被称为"美国文艺复兴"，主张人能超越感觉和理性直接认识真理，人类世界的一切都是宇宙的缩影。

代表作家：爱默生、亨利·大卫·梭罗等。

魔幻现实主义（20世纪）

魔幻现实主义在20世纪开始流行，主要风格是把世界描写得荒诞古怪、反复无常，因果关系常常会不合乎现实状况。

代表作家：马尔克斯、胡安·鲁尔福、米格尔·阿斯图里亚斯等。

存在主义（20世纪）

存在主义是20世纪流行的哲学思想，主张"存在先于本质"，人没有义务遵守某个道德标准或宗教信仰，却有选择的自由。在存在主义作品中，每个人都有选择的自由，但每个人的自由可能影响他人的自由。

代表作家：齐克果、加缪、尼采、萨特等。

表现主义（20世纪）

表现主义在20世纪初开始流行，作品着重表现艺术家内心的情感，重视主观世界，特别是精神、情绪、思想的强烈表达。另外，作品往往表现为对现实的扭曲和抽象，是内心世界对现实的映照。

代表作家：卡夫卡、约翰·奥古斯特·斯特林堡、戈特弗里德·贝恩等。

后现代主义（20世纪下半叶）

后现代主义是第二次世界大战后对现代主义发展和延伸的产物，也是对现代主义的反叛和决裂。后现代主义文学主张反对传统，摒弃"文以载道"的形式。其中的主要流派有：荒诞派戏剧、新小说、垮掉的一代、黑色幽默、魔幻现实主义。

代表作家：米歇尔·布托尔、杰克·克鲁亚克等。

版权专有 侵权必究

图书在版编目（CIP）数据

趣味学世界文学 / 方舒眉著；马星原绘. —北京：北京理工大学出版社，2020.2

ISBN 978-7-5682-7345-9

Ⅰ.①趣… Ⅱ.①方… ②马… Ⅲ.①阅读课—小学—课外读物 Ⅳ.①G624.233

中国版本图书馆CIP数据核字（2019）第162279号

本书中文繁体字版本由中华书局（香港）有限公司在香港出版，今授权北京读品文化有限公司在中国大陆地区与北京理工大学出版社有限责任公司联合出版其中文简体字平装本版本。该出版权受法律保护，未经书面同意，任何机构与个人不得以任何形式进行复制、转载。

著作权合同登记号 图字：01-2019-3998

项目合作：锐拓传媒copyright@rightol.com

出版发行 /	北京理工大学出版社有限责任公司
社　　址 /	北京市海淀区中关村南大街5号
邮　　编 /	100081
电　　话 /	（010）68914775（总编室）
	（010）82562903（教材售后服务热线）
	（010）68948351（其他图书服务热线）
网　　址 /	http://www.bitpress.com.cn
经　　销 /	全国各地新华书店
印　　刷 /	三河市宏图印务有限公司
开　　本 /	710毫米×1000毫米　1/16
印　　张 /	7.5
字　　数 /	60千字
版　　次 /	2020年2月第1版　2020年2月第1次印刷
定　　价 /	33.00元

责任编辑/李慧智
文案编辑/李慧智
责任校对/周瑞红
责任印制/施胜娟

图书出现印装质量问题，请拨打售后服务热线，本社负责调换